A MONTANHA QUE DEVEMOS CONQUISTAR

István Mészáros

A MONTANHA QUE DEVEMOS CONQUISTAR
reflexões acerca do Estado

Tradução
Maria Izabel Lagoa

Revisão da tradução
Nélio Schneider

Copyright desta edição © Boitempo Editorial, 2015
Copyright © István Mészáros, 2013

Título original: *The Mountain We Must Conquer: Reflections on the State*

Direção editorial
Ivana Jinkings

Edição
Isabella Marcatti

Coordenação de produção
Livia Campos

Assistência editorial
Thaisa Burani

Tradução
Maria Izabel Lagoa

Revisão da tradução
Nélio Schneider

Revisão
Maria Alice Ribeiro e Thais Rimkus

Capa e diagramação
Antonio Kehl
capa sobre foto da série "Represa Billings" de Apu Gomes

Equipe de apoio
Ana Yumi Kajiki, Artur Renzo, Bibiana Leme, Elaine Ramos,
Fernanda Fantinel, Francisco dos Santos, Kim Doria, Marlene Baptista,
Maurício Barbosa, Nanda Coelho e Renato Soares

CIP-BRASIL. CATALOGAÇÃO NA PUBLICAÇÃO
SINDICATO NACIONAL DOS EDITORES DE LIVROS, RJ

M55m

Mészáros, István, 1930-
A montanha que devemos conquistar : reflexões acerca do Estado / István
Mészáros ; tradução Maria Izabel Lagoa. - 1. ed. - São Paulo : Boitempo, 2015.

(Mundo do trabalho)

Tradução de: The mountain we must conquer : reflections on the State
Apêndice
ISBN 978-85-7559-397-4

1. Filosofia marxista. 2. Socialistas. 3. Capital (Economia). 4. Capitalismo. I.
Título. II. Série.

15-19482

CDD: 301
CDU: 316

É vedada a reprodução de qualquer parte deste livro sem a expressa autorização da editora.

Este livro atende às normas do acordo ortográfico em vigor desde janeiro de 2009.

1ª edição: fevereiro de 2015

BOITEMPO EDITORIAL
Jinkings Editores Associados Ltda.
Rua Pereira Leite, 373
05442-000 São Paulo SP
Tel./fax: (11) 3875-7250 / 3872-6869
editor@boitempoeditorial.com.br | www.boitempoeditorial.com.br
www.blogdaboitempo.com.br | www.facebook.com/boitempo
www.twitter.com/editoraboitempo | www.youtube.com/imprensaboitempo

SUMÁRIO

Prefácio – O despertar da montanha – *Ivana Jinkings* 9

Introdução 15

1 O fim da política liberal democrática 31

2 O "fenecimento" do Estado? 37

3 A ilusória limitação do poder do Estado 43

4 A afirmação da lei do mais forte 49

5 Eternizando pressupostos da teoria do Estado liberal............61

6 O canto do cisne não intencional de Hegel e o Estado-nação...........73

7 A ordem sociometabólica do capital e o Estado em falência 89

Conclusão 111

Apêndice 1 – Como poderia o Estado fenecer? 113

Apêndice 2 – Entrevista com István Mészáros – *Eleonora de Lucena* ...173

Sobre o autor..189

Para Donatella

Prefácio
O DESPERTAR DA MONTANHA[1]

István Mészáros é uma montanha, em um sentido diverso ao do título deste livro. Tornou-se referência mundial, especialmente nos duros anos 1990, quando parecia não haver alternativa política e teórica para além dos exegetas do mercadismo acima de tudo e de todos. E uma montanha por encarnar, por trás da voz tranquila e dos plácidos olhos azuis, um turbilhão de indignação que muito o distancia daquele marxismo de cátedra, de que tão bem falava Lenin.

No Brasil, o filósofo húngaro, cujos livros encabeçam o catálogo da Boitempo desde 2001, é um fenômeno. Ao longo da última década, suas palestras em São Paulo, Rio de Janeiro, Salvador, Belém, Fortaleza, Belo Horizonte, Florianópolis, Goiânia, Maceió e Porto Alegre arrastaram multidões, lotando auditórios e até ginásios. E não se trata de um intelectual cuja produção teórica seja especialmente acessível. Mészáros é um autor complexo, que busca nos clássicos seu diálogo com o tempo presente, o tempo da disputa política.

Assim, este *A montanha que devemos conquistar: reflexões acerca do Estado* não é apenas um livro a mais na já vasta bibliografia desse pensador singular. Pode-se dizer que é um facho de luz a clarear o ponto central a ser elucidado em meio à profunda crise que o capitalismo mundial enfrenta desde 2008. O Estado, tema do volume que o leitor tem em mãos, é muito mais que uma construção histórica

---

[1] Agradeço a leitura e os comentários de Gilberto Maringoni, Isabella Marcatti e Alysson Mascaro; eventuais falhas, no entanto, serão de minha exclusiva responsabilidade.

10 *A montanha que devemos conquistar*

para sustentar (e manter) as bases da dominação política. É, em si, o próprio espaço dessa disputa.

Parte considerável dos estudos publicados sobre o Estado nos últimos cinquenta anos mantém o conjunto de parâmetros que regula nossa ordem social como a força determinante global, buscando mudanças e "melhorias" por dentro das instituições existentes. Contrapondo-se a isso – e totalmente no espírito de Marx –, Mészáros argumenta que o problema fundamental para nosso futuro e para a sobrevivência da humanidade consiste em suplantar o Estado em sua totalidade, mediante processos de tomada de decisão equitativos próprios de um metabolismo social radicalmente diferente. Não é a tarefa política imediata que move nosso autor neste livro, embora em nenhum momento ele a deixe de lado ou a subestime. Extinguir o Estado equivale a transformá-lo, a modificar seu caráter geral de classe, até se atingir o que Marx vislumbrou com a expressão "fenecimento do Estado"[2]. Mas fenecer, no pensamento de Mészáros, é vencer um processo de conquista de um espaço e de um metabolismo que deve ser transformado em outro. A montanha que se tem à vista em algum momento haverá de ser outra, com outra forma, outra geografia, outra vegetação, outras construções e outra interação com o ser humano.

Sem examinar o Estado moderno, não se examina o capitalismo. Ambos surgiram juntos, no fim da Idade Média, na Europa Ocidental. O Estado tornou-se a expressão política do capital, a forma de organizar as forças produtivas, o regime de propriedade privada, as relações entre classes sociais e um intrincado sistema de regras e condutas que viabilizam a economia de mercado. Expressão da centralização fiscal, das forças militares e do espaço da produção e circulação de mercadorias, as crises do capital são também suas crises.

Mas o Estado não se restringiu a seus limites internos. A criação desse espaço moldou, a partir daí, pela expansão do comércio e pelo caráter cada vez mais global do circuito da produção, um sistema planetário. Foi através da criação desse espaço público de disputas políticas que surgiu um sistema interestatal, que viabilizou o capitalismo tal qual o conhecemos.

---

[2] Ver p. 35-6 deste livro e também Karl Marx, *Crítica do Programa de Gotha* (São Paulo, Boitempo, 2012).

Prefácio – O despertar da montanha 11

A modernidade confunde-se com a história da formação dos Estados nacionais europeus e da difusão do modo de produção capitalista em escala global. A partir das expedições ultramarinas, lideradas inicialmente por Portugal e Espanha, a Europa tornou-se planetária. Nas últimas três décadas, os arautos do que se convencionou chamar de neoliberalismo proclamaram que a história teria chegado ao fim e que o Estado teria um papel decrescente na organização das atividades humanas, em favor de uma pouco focada "sociedade civil universal". E, por consequência, todo o cipoal de organizações associativas vinculadas ao desenvolvimento e à disputa do Estado – como partidos, sindicatos e entidades gregárias – também estaria definitivamente em xeque. As crises do capitalismo recolocaram, assim, o papel do Estado no centro do debate teórico. Não é algo de importância menor.

Em tempos de reflexões acadêmicas minimalistas e ultraespecíficas, István Mészáros emerge como um pensador fundamental. O intelectual húngaro parece se inspirar em Gregório de Mattos, o poeta baiano que ele provavelmente não conhece:

> O todo sem a parte não é todo,
> A parte sem o todo não é parte,
> Mas se a parte o faz todo, sendo parte,
> Não se diga que é parte, sendo todo.[3]

Pois Mészáros pensa no todo, no sistêmico e em relações causais. Algo próprio do marxismo e seu sentido totalizante, de que nos falava Jean-Paul Sartre.

A densidade e a abrangência de sua crítica da ordem social vigente representam uma consistente base teórica para a construção de alternativas. Filósofo no melhor sentido do termo – aquele que ajuda a desvendar o lado oculto do real –, Mészáros faz neste livro uma apreciação detalhada das engrenagens que caracterizam o metabolismo do capital. Seu trabalho dialoga criticamente çom toda a produção relevante dos últimos 150 anos e navega dos clássicos aos contemporâneos com rigor e criatividade notáveis. Compreende o marxismo não como cânone estático, mas como totalidade, da economia política à analise de classes, das relações de poder aos modelos hegemônicos.

---

[3] Trecho do poema "O todo sem a parte não é todo", publicado em Gregório de Mattos, *Crônica do viver baiano seiscentista* (Rio de Janeiro, Record, 2010), 2 v.

12 *A montanha que devemos conquistar*

Desde *Para além do capital*[4], obra publicada originalmente em 1995, ele tinha a intenção de escrever sobre o Estado como parte integrante da transição para uma ordem social diversa. Sempre insistiu que, como parte da dinâmica flexível do capital, nenhuma outra solução seria factível senão a da sua erradicação completa. Mas como se pode conceber isso sem desarraigar completamente o próprio Estado do processo de constituição de nossa sociedade, uma vez que ele é força determinante nos conflitos de classes?

Para tratar dessas intricadas questões, Mészáros, na Introdução deste volume, vai direto ao ponto e revela o tamanho e a periculosidade da montanha a ser conquistada: "a totalidade combinada de determinações estruturais do capital", da qual o Estado é "componente vital". Nesse contexto, Hegel, com seu horizonte de classe burguês e sua *Filosofia do direito*[5], será seu principal interlocutor ao longo da obra.

Seguem-se seis breves capítulos que têm início, quase em tom de anedota, com um divisor de águas nas relações internacionais de poder: as circunstâncias históricas em que se forjaram o colapso da ilusão liberal-democrática e a ascensão das novas formas de dominação do imperialismo norte-americano. Partindo de Thomas Hobbes e seu *Leviatã*[6], postulando a atual necessidade de uma teoria marxista do Estado, dialogando crítica e afetivamente com Norberto Bobbio, contrapondo-se às ideias – segundo ele – superficiais, grotescas e inúteis de Max Weber, cujo propósito não declarado é "a legitimação e a justificação apologética do Estado capitalista e de sua ilegalidade enquanto violência", e debatendo com outros pensadores como Ernest Barker, John Austin e Jeremy Bentham, Mészáros traça um panorama das grandes teorias sobre o tema. Constrói com isso sua reflexão original, expondo que a constante quebra das regras que ele mesmo impõe e a lei do mais forte são intrínsecas ao Estado em qualquer uma das fases ou formas que assuma. Para nosso autor, porém, o que interessa em toda essa análise não é simplesmente desenredar teorias, mas esclarecer a relação entre as representações teóricas e as realidades sociais nas quais estão ancoradas para "compreender a verdadeira natureza do Estado".

---

[4] São Paulo, Boitempo, 2001.

[5] G. W. F. Hegel, *Linhas fundamentais da filosofia do direito* (São Leopoldo/São Paulo, Unisinos/Loyola, 2010).

[6] Thomas Hobbes, *Leviatã: ou matéria, forma e poder de uma república eclesiástica e civil* (São Paulo, Martins, 2014).

Prefácio – *O despertar da montanha*   13

Na concepção de Mészáros, as ações não podem se limitar à função corretiva vital do capitalismo. O problema é da base da reprodução material sobre a qual as formações estatais têm sido historicamente constituídas. Logo de pronto, esta obra passa a afirmar a necessidade de "uma base sociometabólica *substancialmente diferente* para os processos de tomada de decisão global da ordem social estabelecida" (p. 17). Não se trata de uma discussão sobre democracia representativa ou direta, mas, em suas palavras, de *democracia substantiva*. Ocorre que daí se levanta, necessariamente, a questão da *igualdade substantiva*. O sistema do capital, lastreado em três pilares – capital, trabalho e Estado –, abomina qualquer dessas formas substancialmente distintas. Tais pilares estruturam uma montanha em relação à qual, em geral, as lutas são para escalá-la. Mas escalar não basta. É preciso dominar a montanha.

Essa rara conjunção entre brilho intelectual e a mais genuína e engajada preocupação de ordem prática culmina no capítulo 6, "O canto do cisne não intencional de Hegel e o Estado-nação". Ali, após tratar com grande respeito e admiração a abrangência e também os limites históricos da obra do filósofo alemão, Mészáros traz a questão para a ordem do dia: "O que deve ser feito e o que pode ser feito nessa conjuntura da história no que diz respeito aos grandes problemas do Estado?" (p. 87). No capítulo 7, "A ordem sociometabólica do capital e o Estado em falência", ele se volta para as bases de uma crítica socialista radical das instituições que regulam os territórios. Num arco que vai do "Manifesto dos iguais", de Graco Babeuf, à Venezuela de Hugo Chávez, passando por Simón Bolívar, a condenação da crueldade da dominação e a defesa da emancipação humana em termos verdadeiramente universais são as questões preponderantes. E estão diretamente relacionadas com "a forma como reproduzimos nossas condições materiais diretas de vida através das horas que dedicamos todos os dias ao trabalho, em comparação com as horas que alocamos para outras atividades" (p. 93). Nessa dinâmica, o Estado do sistema do capital entra em cena para corrigir e auxiliar a coesão social. Porém falha em suas práticas corretivas e reproduz um círculo vicioso historicamente insustentável. Para Mészáros, há um problema estrutural a ser superado. Na Conclusão, é justamente a *viabilidade histórica* e *sustentabilidade prática* que ele coloca no âmago da alternativa socialista:

> Eis porque a ordem socialista só pode ser vislumbrada sobre a base material da apropriação *racionalmente planejada* e determinada do *trabalho excedente*

14　*A montanha que devemos conquistar*

produzido por *todos e cada um* dos indivíduos *livremente associados* da sociedade, que realizam e *satisfazem suas aspirações* no espírito anteriormente discutido do seu *tempo disponível,* com base em sua *igualdade substantiva,* em plena *solidariedade* uns com os outros e com as suas *aspirações socialmente compartilhadas.*[7]

Este livro – que traz ainda como apêndices, a pedido do autor, o capítulo 13 de *Para além do capital* e uma entrevista concedida à jornalista Eleonora de Lucena –, representa a continuidade do raciocínio, da vivacidade do pensamento e do compromisso com a humanidade que move a produção desse húngaro peregrino, que já se deslocou pela Europa e parte das Américas em sua atividade intelectual-militante, como os velhos pregadores das praças medievais. Em meio à complexidade e à densidade do texto emana, ao mesmo tempo, uma naturalidade das mais sedutoras. Para a Boitempo, *A montanha que devemos conquistar* é, em si, uma conquista. É um pequeno livro em número de páginas – longe do cartapácio representado por *Para além do capital* –, mas um grande passo em termos de descobertas; um elo importante na cumplicidade com um autor que emerge a cada obra com ideias renovadas e provocadoras.

* * *

Agora, uma confissão. Fui, literalmente, "convocada" por István a escrever este prefácio. Diante de todos os argumentos de não ser a melhor pessoa para fazê-lo e de que a tresloucada vida de editora impedia-me de cumprir a missão no prazo previsto para o lançamento, ele foi irredutível. Nada o demoveu da ideia de que eu deveria assinar estas linhas introdutórias que, se me causaram temor num primeiro momento, agora me honram pela confiança demonstrada. Se alguém disser, portanto, que este é um prefácio afetivo, terá acertado em cheio. Isto posto, aos muitos milhares de leitores e admiradores que ele arregimentou em nosso país, permito-me concluir – após ter buscado dar conta do recado com o mínimo de diletantismo possível – falando como a amiga e admiradora renitente: nós adoramos editar István Mészáros!

Ivana Jinkings
São Paulo, janeiro de 2015

---

[7] Ver p. 112 deste livro.

INTRODUÇÃO[1]

Sob as condições do aprofundamento da crise estrutural do sistema do capital, os problemas do Estado tornam-se, inevitavelmente, cada vez maiores. Pois, na forma há muito estabelecida do processo de tomada de decisão política global, o Estado deveria proporcionar a solução para os vários problemas que obscurecem nosso horizonte, mas não consegue fazê-lo. Pelo contrário, tentativas de medidas corretivas de Estado – desde intervenções militares perigosas para enfrentar colapsos financeiros graves em uma escala monumental, incluindo as operações de resgate do capitalismo privado realizado pela sempre crescente dívida pública da ordem de trilhões de dólares – parecem agravar os problemas, apesar das vãs garantias em contrário.

As questões difíceis que devem ser respondidas hoje são estas: o que está acontecendo em nosso lar planetário nos críticos tempos atuais? Por que as soluções tradicionais do Estado não conseguem produzir os resultados esperados? O Estado, tal qual constituído historicamente, é mesmo capaz de resolver todos os nossos graves problemas ou o Estado como tal tornou-se um dos principais contribuintes para o agravamento de seus próprios problemas e para sua insolubilidade crônica? Quais são os requisitos de uma alternativa radicalmente diferente? Existem quaisquer perspectivas viáveis para o futuro, caso uma forma substancialmente

---

[1] Este estudo é uma versão expandida de algumas palestras sobre o Estado realizadas em novembro de 2013 em quatro universidades brasileiras. Fará parte do volume vindouro *Critique of the State* [A crítica do Estado].

16 *A montanha que devemos conquistar*

diferente de controlar o metabolismo social não possa ser instituída em oposição à preponderância das perigosas determinações do Estado em falência [*failing State*]? Existe uma saída do círculo vicioso ao qual estamos confinados pelas determinações estruturais incorrigíveis de controle sociometabólico do capital no domínio reprodutivo material e no âmbito de suas formações estatais necessárias? Todas essas perguntas são dolorosamente difíceis de responder à luz dos desenvolvimentos passados. Com efeito, a função *corretiva vital* das formações estatais historicamente constituídas do capital sempre foi a manutenção e também o fortalecimento dos irreprimíveis imperativos materiais de autoexpansão do sistema[2], e elas continuam as mesmas, inclusive em nossa época, quando proceder de tal forma torna-se um ato suicida para a humanidade. Assim, o desafio de hoje exige uma crítica radical dos termos de referência fundamentais do Estado, uma vez que a modalidade historicamente estabelecida de *tomada de decisão global* afeta mais ou menos diretamente a *totalidade* das funções reprodutivas da sociedade, desde os processos produtivos materiais elementares até os domínios culturais mais mediados. Ao mesmo tempo, também deve ser salientado que a crítica só é viável se acarretar uma alternativa historicamente sustentável. Em outras palavras, não é suficiente "passar a borracha" [*wipe the slate clean*], por assim dizer, não basta simplesmente rejeitar a modalidade existente do processo de tomada de decisão global do capital. Apenas os apologistas interesseiros do sistema do capital podem acusar os defensores da alternativa socialista de pedirem uma "anarquia utópica sem lei". Nada poderia estar mais longe da verdade. De fato, a complacente alegação de sucesso contínuo da modalidade de práticas estatais do passado é precisamente o que acaba sendo falso em uma avaliação mais minuciosa. Pois o que costumava funcionar no âmbito mais limitado dos Estados-nação no passado revela-se extremamente desejável em um mundo em que as estruturas materiais fundamentais do metabolismo social do capital estão dispostas na direção de sua *integração global* sem o seu equivalente viável no plano político legitimador do Estado.

A verdadeira questão é que, por sua própria natureza, os processos de tomada de decisão global das formações estatais no capital – devido à base sociometabólica da reprodução material sobre a qual têm sido

---

[2] A esse respeito, ver, neste volume, as páginas finais do cap. 7, "A ordem sociometabólica do capital e o Estado em falência".

Introdução 17

historicamente constituídos – podem representar apenas o paradigma da *sobreposição alienada* em seu modo incorrigível de operação. Para imaginar qualquer coisa significativamente contrastante com isso, seria necessário postular uma base sociometabólica *substancialmente diferente* para os processos de tomada de decisão global da ordem social estabelecida. Tendo em vista a *centrifugalidade* necessária de seus microcosmos materiais, os quais são esperados para garantir as condições de reprodução social como um todo – e dado o fato de que eles fazem isso não apesar mas precisamente através de suas determinações estruturais *antagônicas* –, as formações estatais do sistema do capital nunca poderiam cumprir suas funções corretivas e de estabilização exigidas (e, assim, prevalecer sobre as tendências potencialmente perturbadoras) sem sobreporem-se a todas as resistências encontradas como um corpo alienado *par excellence* de tomada de decisão global. Esse é o caso, independentemente de estarmos falando do quadro institucional *democrático liberal* ou de qualquer uma das formações estatais abertamente ditatoriais do capital. Como órgãos *separados/alienados* de controle político global, eles estão todos sob a exigência avassaladora de afirmar *"a lei do mais forte"* [*might-as-right*] no interesse de cumprir suas funções corretivas e invalidadoras de legitimação do Estado, como será discutido no decorrer do presente estudo.

Nesse sentido, longe de ser culpada de defender alguma *"anarquia utópica sem lei"*, a alternativa socialista está preocupada com a concepção geral e o estabelecimento prático de um modo *qualitativamente diferente* de intercâmbio social. Uma forma de intercâmbio em que as células constitutivas ou os *microcosmos* do metabolismo social dado possam realmente *ser coerentes* em um *todo historicamente sustentável*. A realidade da "globalização", muito idealizada em nosso tempo, é obrigada a permanecer como uma tendência perigosamente unilateral, carregada de antagonismos materiais explosivos, enquanto as células constitutivas, os microcosmos de nosso lar planetário, são internamente dilaceradas pelas contradições, em última instância, irreconciliáveis de sua *centrifugalidade* vigente. Pois a característica centrífuga das determinações mais profundas do sistema do capital como tal acarreta os imperativos estruturalmente arraigados da expansão antagônica do capital e de sua defesa legitimadora do Estado separada/alienada. Consequentemente, dada a sua função absolutamente crucial no processo de reprodução social global, o tipo de defesa legitimadora do Estado próprio do metabolismo social estabelecido não pode assumir qualquer outra forma

18 A montanha que devemos conquistar

senão a *sobreposição a todo custo*. E isso equivale, sempre que necessário, até mesmo à afirmação mais violenta possível dos interesses das forças em conflito no âmbito da tomada de decisão *política/militar global* no domínio das relações *interestatais*.

Naturalmente, a verdade mais preocupante a esse respeito é que "*a Lei*" instituída pelas formações estatais do capital na base material antagônica de seus próprios microcosmos constitutivos, seja no plano doméstico ou no internacional, *não pode funcionar* e realmente *não funciona*. Ela funciona *de facto* somente ao afirmar-se como *força* – ou "lei do mais forte" –, surgindo e prevalecendo como imposição legitimada pelo Estado em oposição a toda resistência e recalcitrância em potencial. Nesse sentido, "a Lei" se impõe ao decretar categoricamente a viabilidade constitucional de si mesma em sua simbiose com a *relação estabelecida de forças*, e continua a fornecer sua legitimação pelo Estado com a mesma afirmação categórica enraizada na força, até que haja uma grande mudança na relação das próprias forças. Assim, a proclamação constitucional e imposição juridicamente incontestável da "lei do mais forte" pode continuar, tanto se for feita da maneira ditatorial mais cruel ou com o "rosto sorridente" das formações estatais liberal-democráticas do sistema do capital. Mas, apesar de todas as tentativas de *eternização* a-históricas do Estado[3], a imposição da "lei do mais forte" sobre a sociedade não pode continuar para sempre. A hora da verdade chega quando os limites absolutos do sistema do capital são ativados em uma forma historicamente determinada, comprometendo a viabilidade das correções necessárias das formações estatais do sistema em todas as suas formas dadas e imagináveis. Com efeito, os Estados do sistema do capital não são de *forma alguma inteligíveis* em e por si mesmos, mas apenas como a complementaridade corretiva necessária para os defeitos estruturais de outras formas incontroláveis de seu modo orientado para a expansão da reprodução sociometabólica. E esse imperativo estrutural de expansão pode ser impulsionado pelo bem-sucedido processo de acumulação apenas durante o tempo em que ele puder prevalecer em seus termos materiais de referência confrontando a natureza sem destruir a própria humanidade. Isso significa que os limites insuperáveis das formações estatais estabelecidas não residem simplesmente em um nível politicamente corrigível, como se tentou e justificou em vão no discurso

---

[3] Ver, neste volume, o cap. 5, "Eternizando pressupostos da teoria do Estado liberal".

jurisprudencial tradicional, mas nos *limites absolutos* do modo, em última instância, suicida com que o capital exerce o controle sociometabólico, ativado através da *crise estrutural* do sistema em geral.

Naturalmente, tais considerações não podem entrar no horizonte do capital seja no âmbito de suas determinações materiais reprodutivas e centrífugas incorrigíveis ou sob as racionalizações ideológicas legitimadoras do Estado de suas práticas regulatórias políticas. Isso torna as modalidades historicamente bem conhecidas de imposição da lei do mais forte em nome da "Lei", juntamente com as suas idealizações jurisprudenciais, extremamente problemáticas. Nesse sentido, a lei, como imposição alienada sobre os indivíduos que constituem a sociedade como um todo, não pode funcionar *de iure*, ou seja, como a lei justa e adequada. Por outro lado, a única lei que *pode* funcionar *como lei* (no que acabamos de mencionar e na base material do capital de sentido irrealizável *de iure*), e de fato *deve funcionar* no interesse da *coesão* como a exigência absoluta de qualquer controle sociometabólico historicamente sustentável em um mundo verdadeiramente globalizado em nosso futuro, é "*a lei que damos a nós mesmos*". Não se trata aqui de contrapor o *estado de direito*, como a estrutura regulamentar necessária de intercâmbio social, a algum imperativo abstrato de *moralidade* sem fundamento. Esse tipo de contraposição passa a ser a cláusula de derrogação conveniente do liberalismo e do utilitarismo, quando, em vista de suas idealizações não reconhecidas dos antagonismos inseparáveis da realidade dos Estados-nação, não conseguem preencher as categorias de *lei universal* e *direito internacional* com conteúdo real[4]. Nenhuma oposição entre lei e moral feita tão em causa própria é sustentável sob qualquer base racional.

A oposição real, que deve ser veementemente afirmada, é entre a lei *autonomamente determinada* pelos indivíduos livremente associados em todos os níveis de suas vidas, desde suas atividades produtivas mais imediatas até as mais altas exigências regulatórias de seus processos de tomada de decisões sociais e culturais globais, por um lado, e a lei *sobreposta* acima deles, por outro, através da *codificação apologética* da relação de forças estabelecida por um órgão independente, por mais "democrático" que esse órgão seja no *sentido formal de legitimação do Estado*. Dessa maneira,

---

[4] Ver, neste volume, o cap. 3, "A ilusória limitação do poder do Estado", e o cap. 5, "Eternizando pressupostos da teoria do Estado liberal".

20   *A montanha que devemos conquistar*

a falsa oposição entre moralidade e lei deve ser rejeitada não apenas como a cláusula de derrogação liberal/utilitária aqui mencionada. Encontra--se esse tipo de oposição difundida também entre os vários adeptos da "política real", mais ou menos abertamente autoritários, e, dessa vez, em detrimento da moralidade, condenados irrefletidamente pelos "realistas de poder" por estarem "meramente moralizando". Em ambos os casos a falsa oposição entre lei e moral só pode ser rejeitada em razão de uma ordem metabólica socialista *substantivamente equitativa*, baseada no tipo de microcosmo produtivo no qual os indivíduos podem *definir a lei para si mesmos* – e o fazem. Mas essa ordem só é concebível *ao erradicar* o capital do processo sociometabólico e suplantar assim a necessária *centrifugalidade* das células constitutivas há muito estabelecidas do intercâmbio social.

É necessário considerar, dentro do mesmo contexto, a distorção característica de outra questão de grande importância. Trata-se de um juízo apriorístico repetidamente afirmado em um sentido superficial e condenatório contra a "democracia direta", até mesmo por alguns defensores genuínos da outrora progressiva tradição liberal. E, claro, esse juízo negativo é ao mesmo tempo circularmente usado em favor da alegada validade autoevidente da "democracia representativa", em virtude de seu contraste, por definição, à condenada "democracia direta". Além disso, se espera que concordemos com a solidez dessa visão mesmo quando os autores em questão estão dispostos a admitir o fracasso real e dolorosamente evidente do tipo de sistema regulador do Estado que eles, não obstante, continuam a idealizar. O problema é que independentemente da evidência esmagadora para o fracasso da democracia representativa em todos os países, para não mencionar a sua transmutação periódica em formas ditatoriais, a grande fraqueza da posição defendida é dupla. Primeiro, porque padece de quantificação mecânica e fetichista ao afirmar que, em circunstâncias históricas diferentes das características de Estados extremamente pequenos – como a democracia ateniense da época da *ágora* responsável pela tomada das decisões –, é inconcebível ter uma democracia diferente da representativa. E, em segundo, porque os proponentes dessa abordagem confinam o problema em si – mais uma vez, no interesse de afirmar uma posição circularmente autorreferencial e de autovalidação – estritamente ao *domínio político/institucional*, embora, na realidade, seja incomparavelmente mais amplo e mais fundamental do que isso.

A questão crucial diz respeito ao segundo ponto fraco dessa posição, o qual tem influência também sobre o primeiro. Pois é totalmente

Introdução 21

irrelevante debater o *tamanho* da estrutura regulatória defendida sem tratar, ao mesmo tempo, a questão muito mais relevante e fundamental do *tipo* – e, assim, as *determinações qualitativas* – das estruturas de tomada de decisão e das formas correspondentes de controle. O que torna as formações estatais do sistema do capital perigosamente insustentáveis nas atuais condições históricas é a *centrifugalidade antagônica* das células constitutivas da ordem estabelecida do controle sociometabólico. Esse tipo de estrutura reguladora do Estado, tendo em vista as suas determinações antagônicas mais profundas, é inviável não só em escala global e abrangente, mas também independentemente do quanto ela possa ser reduzida.

O verdadeiro desafio é, portanto, a superação historicamente sustentável dos antagonismos estruturalmente entrincheirados nas *células constitutivas* da ordem social do capital, que são responsáveis pela *centrifugalidade* de suas determinações sistêmicas incuráveis. Essa é a única maneira de proporcionar um tipo alternativo de estrutura regulatória coesa que pode ser *lateralmente coordenada* e *cooperativamente estruturada* desde os seus menores microcosmos reprodutivos sociais até as suas formas abrangentes de tomada de decisão historicamente no futuro absolutamente inevitáveis. Os marcos fundamentais do nosso tempo – em todas as esferas, desde os processos reprodutivos materiais elementares às mais graves colisões potenciais interestatais, que resultaram em guerras catastróficas no passado – clamam por uma *redefinição qualitativa*, em um sentido praticamente sustentável, das células constitutivas da nossa ordem social, no sentido de suplantar sua centrifugalidade cada vez mais destrutiva mediante a erradicação do próprio capital do processo metabólico em curso.

Desse modo, os marcos reais dizem respeito à *modalidade de tomada de decisão como tal*, que não deve ser confundida – com tendenciosidade em proveito próprio – com os órgãos e processos de tomada de decisão necessariamente autolegitimatórios do próprio *Estado*. Os apologistas da "democracia representativa" querem limitar as soluções dos nossos graves problemas à igualdade estritamente *formal* e à mais óbvia *falta de equidade substantiva* da esfera *política* de regulação do Estado, em que elas não podem ser encontradas. É preciso sair desse círculo vicioso autodestrutivo com seus processos de tomada de decisão alienados sobrepostos sobre as pessoas. A verdadeira questão não é a "democracia direta" ou a "democracia representativa", mas a eficaz e autorrealizável regulação de seu modo de existência pelos indivíduos sob as condições de *democracia substantiva*, em

22 A montanha que devemos conquistar

contraste com o vazio legislativo político da "democracia representativa" facilmente corruptível. E a única maneira viável de construir a democracia substantiva – e não a "representativa" de uma forma mais remota, e, ao mesmo tempo, claro, mais ou menos intensamente ressentida – é instituir uma forma de tomada de decisão da qual a *recalcitrância* está ausente, porque os indivíduos sociais *definem a lei para si mesmos* de modo a também serem capazes de *modificá-la de forma autônoma*, sempre que as circunstâncias de mudança de seus processos metabólicos sociais autodeterminados assim o exigirem. Mas isso só será factível se as condições gerais da sua existência forem materialmente fundamentadas sobre *células constitutivas qualitativamente diferentes* da ordem social do capital, porque a própria centrifugalidade antagônica terá sido relegada ao passado.

Essa é a exigência positiva de uma estrutura sociometabólica no geral verdadeiramente coesa e globalmente sustentável, que pode superar em suas formações estatais as implicações destrutivas da sobreposição de *falsa universalidade* – inevitavelmente pela força das armas, como fatalmente experimentado no passado – sobre seus constituintes materiais antagônicos dilacerados internamente. Foi noticiado que, em conversa com Margaret Thatcher sobre o desarmamento nuclear, Gorbachev teria citado um provérbio russo, segundo o qual "uma vez por ano, até mesmo uma arma descarregada pode disparar". Ninguém em sã consciência deveria esperar seriamente das formas existentes de regulação legitimatória do Estado qualquer garantia para o futuro contra as graves implicações disso.

As determinações contraditórias desses problemas foram expostas ao escrutínio público há mais de duzentos anos, na época das Revoluções Francesa e Americana, que coincidiram com o início da grande Revolução Industrial.

A linha de demarcação foi insuprimivelmente traçada pelo aparecimento do problema da *igualdade substantiva* na agenda histórica sob as condições da própria agitação revolucionária. Os partidários militantes da igualdade substantiva não poderiam ter sido mais explícitos ao condenarem com absoluto desprezo as evasivas políticas passadas e presentes dessa questão decisiva com estas palavras: "Desde tempos imemoriais, eles hipocritamente repetem: todos os homens são iguais, e desde tempos imemoriais a desigualdade mais degradante e monstruosa pesa insolentemente sobre a raça humana". E eles também puderam esclarecer sua preocupação vital de uma forma sumamente tangível, acrescentando que "precisamos da igualdade de direitos não só inscrita na Declaração dos Direitos do Homem e do Cidadão; nós a queremos em nosso meio, sob os telhados das nossas casas"[5]. Dessa forma, a rejeição das medidas puramente *legais/formais* de toda a solução projetada – que assolaram não apenas naqueles tempos, mas continuam a assolar até nossos dias, as abordagens tradicionais legitimadoras do Estado para esses problemas – foi combinada com os requisitos necessários de qualquer solução praticamente viável, ao procurar pelas respostas na esfera econômica e social. Naturalmente, ao focar a atenção na dimensão tradicionalmente ausente de tomada de decisões políticas, o papel do próprio Estado foi submetido a um exame crítico, ainda que apenas de forma embrionária na época da Revolução Francesa. Essa questão crucial só poderia assumir sua importância avassaladora meio século mais tarde, na concepção marxiana.

Olhando para trás na história do pensamento político, descobrimos que a preocupação fundamental das teorias do Estado, debatidas de Platão e Aristóteles em diante, sempre esteve voltada para as diferentes *formas* em que as modalidades de tomada de decisão em geral com os seus benefícios ou suas desvantagens rivalizantes podiam ser elogiadas ou criticadas. Uma forma ou outra do Estado – ou das constituições concorrentes na visão de Aristóteles – foi sempre considerada como o modo necessário e abrangente de tomada de decisão. O mesmo vale para as teorias de "Estados ideais" na Grécia antiga e também muito mais tarde. Assim, também a esse respeito, podemos testemunhar uma mudança significativa por volta do fim do século XVIII, quando o *Estado como tal* começou a se tornar o objeto de reflexão crítica, em contraste com o questionamento apenas dos méritos relativos às diferentes formas de o Estado sobrepor-se na vida social como árbitro último em todos os principais assuntos.

Compreensivelmente, os levantes revolucionários do final do século XVIII e do início do século XIX trouxeram consigo não apenas uma crescente consciência de classes e de antagonismos de classe, assim como do impacto de algumas grandes guerras interestatais, mas também a crise da política em si e o reconhecimento necessário de que as velhas formas de lidar com essas crises já não podiam funcionar. Em última análise, essa circunstância confrontou os principais pensadores da época com o problema quase proibitivo de abordar a *legitimidade* ou não da *própria lei*.

---

[5] Ver, a esse respeito, o cap. 7, "A ordem sociometabólica do capital e o Estado em falência".

24 A montanha que devemos conquistar

Alguns, como os filósofos românticos, fizeram isso de forma apologética e retrógrada, conceituando a história de uma maneira muito reacionária por quererem girar suas rodas para trás. Outros, como Immanuel Kant, projetaram seu nobre, mas absolutamente ilusório, dever-ser de uma *paz perpétua*, e, claro, sem sucesso. No entanto, a solução mais grandiosa, explicitada em plena conformidade com seu horizonte de classe burguesa, foi oferecida por Hegel, em sua *Filosofia do direito*. Assim, embora reconhecendo os antagonismos sociais fundamentais e, potencialmente, mais perturbadores e abrangentes de sua época, Hegel reafirmou, com a firme justificativa classista, a legitimidade inquestionável da lei. Ele fez isso em termos históricos mundiais, apelando para nada menos do que a autoridade do Espírito do Mundo (*Weltgeist*). Mas ele só poderia fornecer tal resposta em nome de sua grandiloquente *Theodicaea*, a "justificação de Deus na história"[6], ao preço de arbitrariamente terminar ao mesmo tempo a própria história em seu postulado "A Europa como o fim da história", com as necessárias guerras nacionais dos Estados "germânicos" da Europa, incluindo a Inglaterra imperialista tão calorosamente elogiada por Hegel.

O liberalismo entrou no cenário histórico no mesmo período dos levantes revolucionários do final do século XVIII, mas com uma roupagem mais prosaica. Ele sempre assumiu a validade totalmente não problemática, de fato autoevidente, de sua própria atitude em relação à legislação e gestão social como representando "o conjunto da sociedade". Ao mesmo tempo, estava disposto a contemplar e instituir aperfeiçoamentos, tendo em vista os problemas em erupção e os conflitos da agitação revolucionária, mas sempre bem dentro do quadro estrutural estabelecido da ordem existente, submetendo-a apenas à crítica marginal. Nem a dimensão histórica da constituição dos Estados nem sua legitimidade questionável representaram qualquer problema para o liberalismo. As ilimitadas premissas louváveis em sua própria abordagem, com a parcial simpatia reformatória, parecia ser o suficiente para sua autojustificação. Em outras palavras, o liberalismo foi caracterizado tanto pela evasão sistemática dos fundamentos, incluindo a questão da legitimidade do processo legislativo além dos termos técnicos/processuais, quanto de uma forma positiva pela defesa de melhorias sociais e políticas

---

[6] Ver a discussão da abordagem de Hegel no cap. 6 deste volume, "O canto do cisne não intencional de Hegel e o Estado-nação".

Introdução 25

limitadas, incluindo a extensão da concessão estruturalmente controlável para as eleições parlamentares. Essa combinação de evasão "equilibrada" do conflito e reforma – as marcas reveladoras do liberalismo – pode muito bem explicar seu relativo sucesso entre todas as formações estatais do capital no passado. Mas de nenhuma maneira ele poderia atingir mudanças significativas. O liberalismo nunca poderia defender uma sociedade *equitativa*, apenas uma *"mais equitativa"*, o que sempre significou *muito menos do que equitativa*. Mesmo em sua fase mais progressiva de desenvolvimento, o liberalismo restringiu seus pontos de vista reformatórios e correspondentes esforços práticos estritamente à esfera da *distribuição* dos bens produzidos; naturalmente com sucesso de duração insignificante. Pois o liberalismo sempre fechou os olhos para o fato embaraçoso de que uma melhoria significativa visando uma sociedade equitativa só pode resultar de uma mudança fundamental na estrutura da própria *produção*. Isso não poderia ser de outra forma, porque a esfera da distribuição foi *estruturalmente predeterminada* pelo deslocamento inalterável da classe do trabalho até uma posição necessariamente subordinada na sociedade, dada a alocação legitimada pelo Estado e protegida pela força dos meios de produção para a classe constituída pelas personificações do capital. Assim, ter um sistema de distribuição mais iníquo do que o sistema do capital estruturalmente enraizado seria bastante inconcebível, condenando desse modo o iluminismo liberal, até mesmo na melhor das hipóteses, à eficácia puramente marginal. O mesmo ocorreu com a defesa liberal da "contenção de Estado" que sempre teve que ser acomodada no âmbito estruturalmente prejulgado da defesa geral inquestionável da ordem sociorreprodutiva do capital. E isso teve de ser – e de fato foi – inquestionavelmente legitimado pelo Estado em todos os tipos de liberalismo. Não surpreende, portanto, que simultaneamente ao desenrolar da *crise estrutural* do sistema do capital, o então tendencioso liberalismo reformatório rapidamente se metamorfosiasse em uma forma mais agressiva de *neoliberalismo* apologético do Estado. Foi assim que o momento da verdade transformou a "maior felicidade ou o princípio da maior felicidade" de Bentham em um dedo acusador apontado para o liberalismo neoliberal de nosso tempo histórico.

Naturalmente, essas não eram contingências históricas passíveis de correção, mas desenvolvimentos necessários, desdobrando-se dramaticamente em conjunto com a ativação de limites absolutos do capital através da maturação de sua crise sistêmica. Durante muito tempo, a

26   *A montanha que devemos conquistar*

promessa gratuita de todos os tipos de apologias do capital – desde os postulados hipócritas do agora completamente abandonado "socialismo evolutivo" e das teorias da "modernização" para superar o "subdesenvolvimento do Terceiro Mundo" até a ficção do globalmente instituído *welfare State*, que agora está desaparecendo até mesmo do punhado de países por ele privilegiados – foi que o *bolo a ser distribuído crescerá eternamente*, trazendo felicidade plena para absolutamente todos. A *distribuição* abundante cuidará de tudo, ninguém deveria, portanto, se preocupar com os problemas da *produção*. Porém, o bolo simplesmente se recusou a crescer, de modo a corresponder a qualquer variedade da projetada "maior felicidade". A crise estrutural do capital tinha posto um fim a todas essas fantasias. Diz-se que durante a Revolução Francesa, quando foi relatado a Maria Antonieta que o povo estava morrendo de fome, porque não tinha pão, a malfadada rainha teria respondido com a pergunta: "E por que não comem bolo?"*. À luz da crise estrutural e suas justificativas habituais, Maria Antonieta poderia receber o crédito por ter apresentado uma solução infinitamente mais realista do que a dos defensores do sistema do capital de nosso tempo.

A mudança radical da preocupação autoapologética com a totalmente irrealizável distribuição "mais equitativa" – quando na realidade a menor porcentagem expropria para si muito mais do que a parte do leão da riqueza, vigorosamente protegida pelo Estado – para a mudança radical nas determinações estruturais da produção é essencial. Pois as tendências objetivas do desenvolvimento em nosso tempo indicam o agravamento das condições em todos os lugares, com as políticas de austeridade impostas impiedosamente pelos governos capitalistas sobre a sua população trabalhadora, mesmo nos países avançados mais ricos em termos capitalistas. A classe do trabalho é gravemente afetada pelas medidas a que deve ser submetida[7], no interesse da manutenção da rentabilidade de um sistema fetichista e cruelmente desumanizante. Dessa maneira, o grande desafio para a realização de uma ordem social equitativa que

---

*   Ainda que no Brasil seja mais difundida a versão "E por que não comem brioches?", em inglês é usado o termo *cake*, "bolo". Daí o gancho que Mészáros estabelece com o restante da passagem e por isso a opção editorial em manter sua tradução literal. (N. E.)

7   Ver Fred Magdoff e John Bellamy Foster, "The Plight of U.S. Workers", *Monthly Review*, jan. 2014, p. 1-22.

Introdução 27

irrompeu no cenário histórico no período da agitação revolucionária em direção ao fim do século XVIII assombra nosso tempo histórico. Isso ocorre porque não há solução viável para os nossos problemas cada vez mais agravados sem a adoção do princípio orientador vital da *igualdade substantiva* como regulador fundamental do processo sociometabólico em um mundo verdadeiramente globalizado.

Mas é claro que nada poderia ser mais estranho para o funcionamento do sistema do capital em sua crise estrutural do que a instituição da igualdade real. Pois ele é constituído como um sistema de hierarquias estruturalmente entrincheiradas que deve ser protegido de todas as maneiras por suas formações de Estado. Pelo lado do capital, a crise estrutural de nossa época ativa a demanda por um envolvimento cada vez mais direto do Estado na sobrevivência contínua do sistema, mesmo que isso seja contrário à automitologia da "iniciativa privada" superior. "Salvem o sistema", como o jornal semanal apologético-capitalista, com sede em Londres, *The Economist*, exigiu em sua primeira página, em 2009, no momento da erupção da crise financeira global. Naturalmente, os principais Estados capitalistas foram todos devidamente forçados a destinar trilhões às operações de resgate.

No entanto, a questão subjacente é muito maior do que as emergências periódicas. A tendência objetiva mais grave de desenvolvimento a esse respeito na esfera econômica política, ao final da década de 1960, é a "*equalização da taxa de exploração diferencial*"[8], afetando

---

[8] Ver a discussão sobre esse problema em meu artigo "A necessidade do controle social", em István Mészáros, *Para além do capital* (1. ed. rev., 1. reimp., trad. Paulo Cézar Castanheira e Sérgio Lessa, São Paulo, Boitempo, 2012), p. 983-1.011. Cito aqui uma passagem relevante: "a realidade das diferentes taxas de exploração e de lucro não altera em nada a própria *lei fundamental*: isto é, a crescente *equalização* das taxas diferenciais de exploração como *tendência geral* do desenvolvimento do capital mundial. [...] Por ora, basta salientar que 'capital social total' não deve ser confundido com 'capital nacional total'. Quando este último sofre os efeitos de um enfraquecimento relativo de sua posição no sistema global, tenta inevitavelmente compensar suas perdas com o aumento de sua taxa de exploração específica sobre a força de trabalho diretamente sob seu controle – de outro modo terá sua competitividade ainda mais comprometida na estrutura global do 'capital social total'. Sob o sistema de controle social capitalista, não pode haver outra forma de escapar de tais 'distúrbios e disfunções de curto prazo' a não ser pela *intensificação das taxas específicas de exploração*, o que só pode conduzir, tanto em termos locais como globais, a uma explosiva intensificação do antagonismo social fundamental a longo prazo. Aqueles que pregaram a 'integração' da classe trabalhadora – pintando o 'capitalismo organizado' como um sistema que obteve sucesso

28   A montanha que devemos conquistar

profundamente as condições de vida das classes trabalhadoras em nossa época, até mesmo nos países capitalistas mais privilegiados. Exibir o verdadeiro significado da "globalização" é uma tendência objetiva incurável – uma lei econômico-política verdadeira –, inseparável do imperativo da lucrativa acumulação de capital em escala global. Assim, a quota de mudança do trabalho na riqueza social em geral deve indicar uma tendência inevitável de queda, através do aumento da exploração em todos os lugares, incluindo os antigos beneficiários da colonização e do imperialismo. Fiel à natureza da ordem sociometabólica estabelecida, não poderia haver tendência mais *perversa* de desenvolvimento global – afirmando-se como uma das maiores ironias da história moderna, depois de prometer uma maior igualdade através de "tributação progressiva" – do que as iniquidades crescentes devido à *equalização descendente da taxa de exploração diferencial* na qual todas as formações de Estado do sistema do capital estão profundamente implicadas com suas políticas perseguidas ativamente. E, dado o aprofundamento da crise estrutural do sistema, o papel das formações estatais do capital só pode piorar a esse respeito, como também no plano militar e ecológico.

Tendo em vista todas essas considerações, uma crítica radical do Estado, no espírito marxiano, com suas implicações de longo alcance para o fenecimento do próprio Estado[9], é uma exigência literalmente vital do nosso tempo. O Estado na sua composição na base material antagônica do capital não pode fazer outra coisa senão proteger a ordem sociometabólica estabelecida, defendê-la a todo custo, independentemente dos perigos para o futuro da sobrevivência da humanidade. Essa determinação representa um obstáculo do tamanho de uma montanha que não pode ser ignorado ao tentar a transformação positiva tão necessária de nossas condições de existência. Pois, sob as circunstâncias

---

na dominação radical de suas contradições sociais – identificaram irremediavelmente mal o sucesso manipulador das taxas diferenciais de exploração (que prevaleceram na fase histórica relativamente 'livre de distúrbios' da reconstrução e expansão pós--guerra), como um *remédio estrutural* básico. Na realidade não era nada disso. A frequência sempre crescente com que os 'distúrbios e disfunções temporárias' aparecem em todas as esferas de nossa existência social e o completo fracasso das medidas e instrumentos manipulatórios concebidos para enfrentá-los são uma clara evidência de que a crise estrutural do modo capitalista do controle social assumiu proporções generalizadas" (p. 1.007).

9   Sobre essa questão, ver, neste volume, o cap. 4, "A afirmação da 'lei do mais forte'".

Introdução 29

que se desdobram da crise estrutural irreversível do capital, o Estado se afirma e se impõe como a montanha que *devemos* escalar e conquistar. Com certeza, isso não pode ser uma escalada recreativa de lazer. A razão fundamental disso é que os graves problemas decorrentes da realidade política do Estado, mesmo quando assumem a forma de guerras devastadoras, são apenas parte do desafio. O sistema do capital tem três pilares interligados: capital, trabalho e Estado. Nenhum deles pode ser eliminado por conta própria. Tampouco podem ser simplesmente abolidos ou derrubados. As variedades particulares do Estado capitalista podem ser derrubadas, e também restauradas, mas não o Estado enquanto tal. Os tipos particulares das personificações historicamente dadas do capital e do trabalho assalariado podem ser juridicamente abolidos, e restaurados, mas não o capital e o trabalho como tais, em seu sentido substantivo de constituição como encontrados na ordem sociometabólica do capital. A verdade sóbria a ser lembrada é que tudo o que pode ser derrubado também pode ser restaurado. E isso foi feito. A materialidade do Estado está profundamente enraizada na base sociometabólica antagônica sobre a qual todas as formações de Estado do capital são erguidas. Ela é inseparável da materialidade substantiva tanto do capital quanto do trabalho. Só uma visão combinada de sua *inter-relação tríplice* torna inteligíveis as funções legitimadoras do Estado do sistema do capital.

Assim, os problemas em jogo atualmente, no plano da tomada de decisão política global, como necessariamente geridos pelo Estado, não podem ser resolvidos sem atender à sua base sociometabólica mais profunda. E, nesse sentido, mais amplo e mais fundamental, não é suficiente *escalar* a montanha em questão, visando unilateralmente a derrubada do Estado capitalista dada como resposta para a destrutividade que se desdobra em todas as esferas da nossa vida social sob as condições do aprofundamento da crise estrutural do capital. Tais problemas não são passíveis de uma solução viável dentro de seus termos de referência institucionais limitados. A perigosa montanha confrontando a humanidade é a totalidade combinada de determinações estruturais do capital que deve ser *conquistada* em todas as suas dimensões profundamente integradas. É claro que o Estado é um componente vital nesse conjunto de inter-relações, tendo em vista o seu papel direto e, agora, avassalador na modalidade necessária de tomada de decisão global. A política muitas vezes desempenhou um papel fundamental ao iniciar grandes

30 A montanha que devemos conquistar

transformações sociais no passado. Isso deverá continuar assim também no futuro previsível. Mas a montanha em todas as suas dimensões deverá ser – e só poderá ser – *conquistada* se os antagonismos estruturais profundos nas raízes das contradições insolúveis do Estado forem colocados sob o controle historicamente sustentável.

1
O FIM DA POLÍTICA LIBERAL DEMOCRÁTICA

CONSIDERAREMOS EM PRIMEIRO lugar uma citação muito reveladora de um distinto primeiro-ministro britânico, *sir* Anthony Eden, que pertencia à ala democrática liberal do Partido Conservador e desempenhou um papel honroso – juntamente com Winston Churchill e Harold Macmillan –, opondo-se à conservadora política do apaziguamento de Hitler na década de 1930.

Ninguém deveria ter qualquer dúvida sobre a exatidão dessa citação, porque ela é plenamente endossada por outro primeiro-ministro de mesma orientação política, *sir* Edward Heath, que sempre orgulhosamente enfatizou que teve sua inspiração política em "Winston Churchill, Anthony Eden e Harold Macmillan"[1], e por esse motivo se opôs firmemente ao conservadorismo da ala de direita de Margaret Thatcher[2] até o fim de sua vida. De fato, no momento de sua entrada no Parlamento, Heath foi uma das principais figuras e um dos autores do manifesto conservador do pós-Segunda Guerra Mundial *One Nation Politics* [Política de uma nação][3], que hoje é adotado e promovido da forma mais inescrupulosa pelo New Labour Party.

---

[1] Ver Edward Heath, *The Course of My Life: My Autobiography* (Londres, Hodder & Stoughton, 1998), p. 29.

[2] Harold Macmillan também sarcasticamente se refere às políticas de privatização de Margaret Thatcher como "vender a prataria da família".

[3] Mesmo em sua origem no século XIX essa noção remonta ao primeiro-ministro Benjamin Disraeli, o promotor da *One Nation Conservatism* [Conservadorismo de uma nação], que foi nomeado conde de Beaconsfield pela rainha Victoria em 1876.

32 *A montanha que devemos conquistar*

As circunstâncias mencionadas nessa carta são muito mais importantes do que um evento histórico particular, não importa quão dramático tal evento possa ser. Pois nesse caso, nós nos confrontamos com uma verdadeira linha de demarcação que indica o fim de uma longa tradição histórica e o colapso de seu modo habitual de administração dos conflitos internacionais com os métodos de diplomacia conspiratória legítima, perseguidos em nome da ideologia liberal-democrática então genuinamente realizada e defendida com êxito, mas, nesse momento, temporalmente ultrapassada. As circunstâncias em questão falam por si mesmas. Elas são como seguem.

Em 21 de outubro de 1955, pouco antes do clamoroso colapso da aventura de Suez, o primeiro-ministro conservador Anthony Eden disse ao então futuro primeiro-ministro Edward Heath – naquele momento líder da bancada de seu partido, cujo trabalho era açoitar* seus membros do Parlamento para que mantivessem a linha de apoio ao governo – que seu grande sucesso político em realizar a iminente invasão militar de Suez pela Grã-Bretanha, França e Israel atingiu "a mais elevada forma da arte de governar"[4]. Nada menos que isso, como esse resultado sem dúvida costumava ser considerado e aclamado no passado. O evento foi descrito por Edward Heath em sua autobiografia desta maneira:

> Entrei na Sala do Gabinete, como de costume, pouco antes do previsto para o Gabinete começar, e encontrei o primeiro-ministro de pé ao lado de sua cadeira, segurando um pedaço de papel. Ele estava com os olhos brilhantes e cheio de vida. O cansaço parecia de repente ter desaparecido. "Temos um acordo!", exclamou. "Israel concordou em invadir o Egito. Nós vamos então enviar nossas próprias forças, apoiadas pelos franceses, para afastar os adversários e recuperar o Canal". Os norte-americanos não seriam informados sobre o plano.[5]

Como se viu, a aventura militar, preparada pela intriga secreta entre Grã-Bretanha e seus parceiros, humilhantemente fracassou como resultado da oposição norte-americana sob a presidência do general Eisenhower. Logo depois, *sir* Anthony Eden teve de desistir completamente da política, com a costumeira desculpa de "problemas de saúde".

---

* Aqui, Mészáros faz um trocadilho intraduzível com o cargo político *chief whip* (líder da bancada) e o verbo *to whip* (chicotear, açoitar). (N. T.)

4 Edward Heath, *The Course of My Life*, cit., p. 169.

5 Idem.

O que Eden chamou de "*a mais elevada forma da arte de governar*" deveria merecer seu grande louvor político porque esse acordo infame foi preparado da boa e velha maneira "diplomática", nos bastidores, combinada ao mesmo tempo com "negociações" para o consumo público (somadas à hipocrisia diplomática secreta levada a cabo em Nova York) com o habitual pretexto cínico de evitar precisamente qualquer conflito militar na questão do canal de Suez. No entanto, Eden e companhia cometeram o grande erro de presumir que seriam capazes de impor o *fait accomplie* [fato consumado] como "*a mais elevada forma da arte de governar*" também à administração norte-americana. Eles estavam se iludindo. Pois, como Paul Baran corretamente enfatizou em seu livro inovador sobre as relações de poder no pós-guerra, "a afirmação da supremacia norte-americana no mundo 'livre' implicou na redução da Grã-Bretanha e da França (para não falar da Bélgica, da Holanda e de Portugal) ao *status* de parceiros juniores do imperialismo americano"[6].

Dessa forma, a linha histórica de demarcação, que se afirmou na forma do colapso humilhante da aventureira guerra de Suez, destacou a realidade nua e crua das *relações de poder* que não podiam mais ser embelezadas nem pela ilusão liberal-democrática nem pelas suas pretensões hipócritas. As velhas formas não poderiam funcionar por mais tempo, não importa qual poder tentasse assumir o papel de impor suas aspirações internacionalmente dominantes sobre o resto do mundo em nome das historicamente anacrônicas aspirações liberal-democráticas – ou seja, democráticas e universalistas apenas em termos *formais*.

Naturalmente, apesar do fracasso conspiratório britânico, nada foi realmente resolvido naquele momento em termos *substantivos* sobre as verdadeiras causas do conflito de Suez e sobre algumas das profundas contradições inseparáveis da então bem-sucedida dominação colonial do norte da África, as quais ainda continuam a surgir em nosso próprio tempo, mesmo que em 1955 um novo poder imperial tenha conseguido chamar à razão os "parceiros juniores do imperialismo norte-americano". Tampouco deve ser negado, em subserviência às novas relações de poder

---

[6]   Paul Baran, *The Political Economy of Growth* (Nova York, Monthly Review, 1957), p. vii. Ver ainda minha discussão sobre o assunto – incluindo a irônica desconsideração por parte de Roosevelt das fantasias de contenção do Império Britânico de Churchill – em meu livro *O século XXI: socialismo ou barbárie?* (São Paulo, Boitempo, 2003), cap. 2, "A fase potencialmente fatal do imperialismo", p. 33-79.

34 *A montanha que devemos conquistar*

internacionais, que a linha histórica de demarcação em questão também destacou o fato de que os pretextos *democrático-formais* de dominação neocolonial contínua, disfarçados de generosidade e avanço democrático liberal, tornaram-se *anacronismos históricos* destrutivos. Os protestos dramáticos em erupção não apenas na forma da "primavera árabe", mas *em todo o mundo,* clamam por mudanças *substantivas* fundamentais. E eles clamam não apenas por algum reajuste *no âmbito* das relações de poder estabelecidas, o que deixaria tudo substancialmente do mesmo jeito, como aconteceu no passado. Muito longe disso. Na verdade, eles exigem uma mudança radical no *âmbito estrutural do exercício do poder em si* – incluindo o Estado moderno – e, assim, por uma mudança substancial da hierarquicamente enraizada e imposta *dominação* da classe trabalhadora pela ordem social e política do capital para uma ordem alternativa de autodeterminação genuína.

Sem dúvida, as então bem-sucedidas variedades predominantes de concepções de Estado democrático liberal diferiam apenas no que diz respeito *internamente* às suas aspirações menos autoritárias em relação aos tipos de dominação do Estado abertamente opressivos de classe. E fizeram isso justamente no interesse de garantir o apoio nacional mais geral para as suas aventuras internacionais – e até mesmo para a mais implacável construção de império. Em termos de dominação *externa*, estavam perfeitamente felizes em recorrer, com todos os meios à sua disposição, até mesmo à imposição mais violenta de seu domínio, onde quer que pudessem fazê-lo, como *Estados-nação* hipócritas e *colonizadores* exploradores. Isso constituiu a perversa *normalidade* da ordem social antagônica sobre a qual eu argumentei, há muito tempo, que:

Crescimento e expansão são necessidades internas do sistema capitalista de produção; e, quando os limites locais são atingidos, não há outra saída a não ser o rearranjo violento da relação de forças existente. A relativa estabilidade interna dos principais países capitalistas – Grã-Bretanha, França e Estados Unidos – foi, no passado, inseparável da capacidade de eles *exportarem* a agressividade e a violência *gerada internamente* pelos seus sistemas. Os membros mais fracos do sistema – Alemanha, Itália, e outros – depois da Primeira Guerra Mundial viram-se em meio a uma grave crise social, e só a promessa fascista de um reajuste radical da relação de forças estabelecida pôde representar uma solução temporária aceitável à burguesia, desviando as pressões da agressividade e da violência internas para a preparação para uma nova guerra mundial. Por outro lado, os pequenos países capitalistas

O *fim da política liberal democrática* 35

simplesmente tiveram de subordinar-se a uma das grandes potências e seguir as políticas por ela ditada, mesmo ao preço de instabilidade crônica.[7]

A difícil questão para nós é: quanto tempo pode a perversa normalidade de uma ordem socioeconômica e política antagônica, com a irreprimível tendência de afirmação global de seu domínio, manter sua dominação sem destruir a própria humanidade? Esse é o tamanho da montanha que *devemos* escalar e conquistar.

Um dos mais graves problemas de nosso tempo é a crise estrutural da política e as soluções viáveis defendidas do ponto de vista dos Estados existentes. Para onde quer que olhemos e quaisquer soluções que nos sejam oferecidas, suas características definidoras comuns sempre mostram as contradições e as limitações dos Estados-nação historicamente constituídos. Esse é o caso também quando a justificativa utilizada para as políticas desenvolvidas está cheia da retórica da universalmente louvável "democracia" e da inevitável "globalização", atrelada à projeção de respostas em conformidade com tais determinações. Ao mesmo tempo, as soluções reivindicadas são, explícita ou implicitamente, sempre baseadas no pressuposto de que a alienação da tomada de decisão política em geral, há tempos historicamente estabelecida, materializada nos Estados modernos, deve manter-se permanentemente a única estrutura possível de gestão social em geral.

Como sabemos, Marx tinha uma visão radicalmente diferente sobre essa questão. Sua concepção sobre a necessária transformação socialista da ordem social é, na verdade, inseparável de sua crítica ao *Estado enquanto tal*, e não simplesmente do Estado capitalista. Essa abordagem é explicitada através de sua defesa e antecipação não apenas da grande transformação do Estado estabelecido, mas de seu completo *fenecimento*. Sobre esse assunto, assim como em tantos outros, ele ofereceu uma concepção fundamentalmente diferente até mesmo dos maiores e mais representativos pensadores da burguesia.

A dolorosa circunstância é que, desde o momento em que ele formulou sua visão sobre o imperativo de mudança social historicamente sustentável abarcando de todas as maneiras o conjunto da sociedade, nós não pudemos ver qualquer sinal do fenecimento do Estado. Antes, pudemos observar o contrário. No entanto, essa circunstância não deve desviar a atenção da validade fundamental da defesa de Marx. Isso porque

---

[7] István Mészáros, *A teoria da alienação em Marx* (São Paulo, Boitempo, 2006), p. 281.

36 *A montanha que devemos conquistar*

as mais íntimas determinações e contradições destrutivas do sistema do capital em sua crise estrutural que se aprofunda são hoje inteligíveis e superáveis apenas se o papel preponderante das formações modernas de Estado na forma abrangente de tomada de decisões no processo sociometabólico sob o domínio do capital for plenamente levado em conta. Nenhuma solução historicamente sustentável é concebível sem isso. Não é, portanto, nenhum exagero dizer que a continuidade da importância histórica do quadro teórico marxiano depende da capacidade de realização (ou não) de sua preocupação com o fenecimento do Estado.

No curso da história moderna os gigantes intelectuais da burguesia produziram duas obras verdadeiramente grandiosas sobre o Estado, as quais nunca foram igualadas, e muito menos superadas, desde a sua criação. São elas *Leviatã*, de Thomas Hobbes, concebida em meados do século XVII, e *Filosofia do direito*, de Hegel, criada no primeiro terço do século XIX. Naturalmente, nenhum dos dois tinha o menor interesse nas projeções do liberalismo. De fato, o próprio Hegel proporcionou uma crítica contundente às ilusões liberais[8] que falaciosamente transfiguraram a capacidade de realização dos *privilégios parciais* defendidos pelos seus beneficiários – muito longe de serem universais – em apelos totalmente insustentáveis à *validade universal*. Mas é claro que o horizonte conceitual desses dois grandes pensadores foi circunscrito por suas diferentes, ainda que muito potentes, idealizações do Estado-nação.

Temos que voltar oportunamente a Hobbes e Hegel como iniguáláveis ápices das teorizações burguesas do Estado. Neste ponto, deveria ser suficiente indicar um contraste impressionante. O contraste em questão é claramente visível entre as apreciações teóricas substantivas hobbesiana e hegeliana das questões vitais envolvidas em avaliar os problemas do Estado, com toda a sua complexidade e relevância para o funcionamento da sociedade de suas próprias épocas, e em nosso tempo a desorientação autoilusória que acometeu até mesmo alguns políticos democratas liberais relativamente progressistas, como *sir* Anthony Eden – para não mencionar seus colegas *neoliberais* e *neoconservadores* –, na busca por políticas capazes de produzir apenas desastres, e em nome da "*mais elevada forma da arte de governar*".

---

[8]   Ver, a esse respeito, especialmente a crítica afiada de Hegel à constitucionalidade inglesa e suas palestras sobre a filosofia da história, em diversos lugares.

2
O "FENECIMENTO" DO ESTADO?

Marx nunca abandonou sua visão de que a mudança radical necessária da ordem sociometabólica do capital é inconcebível sem a total superação do poder preponderante das formações estatais do sistema reprodutivo material estabelecido. Nem mesmo quando os desdobramentos dos acontecimentos históricos apontam, de modo desencorajador, na direção oposta.

É igualmente importante ressaltar que, ao mesmo tempo – e pela mesma razão de permanecer fiel ao reconhecimento pleno dos requisitos de viabilidade sócio-histórica *da época* – que enfatizava a necessidade do "fenecimento" do Estado, ele também deixou bem claro que imaginar a *abolição* do Estado, por qualquer forma de conspiração ou mesmo por algum *decreto* de base jurídica mais ampla, só poderia ser uma quimera voluntarista. Ele jamais deixou de insistir nisso.

Nesse sentido, a viabilidade real da mudança social radical defendida tinha que ser concebida por Marx como decorrente de desdobramentos historicamente sustentáveis de processos sociais apropriados, explicando-os em sua realidade tangível na medida em que se consolidavam de acordo com a transformação dialética mediadora de seus requisitos objetivos e subjetivos multifacetados. Os obstáculos e constrangimentos enormes que emanam das relações de poder existentes como associados ao papel do Estado na preservação e potencial desenvolvimento do sistema do capital como um todo não podem ser simplesmente eliminados da existência, contrariamente à forma em que não só seus oponentes em primeira linha anarquistas, mas inclusive alguns de seus amigos e companheiros de longa

38   A montanha que devemos conquistar

data, projetaram o curso dos acontecimentos e as estratégias a serem seguidas. É por isso que Marx não se cansava de insistir em suas declarações prenunciando as perspectivas de desenvolvimento no terreno da ação política e tomada de decisão *global* – sem as quais, isto deve ser firmemente ressaltado, nenhuma ordem sociometabólica concebível poderia funcionar de forma alguma – que o futuro não apenas *deve,* mas também *só pode* trazer com ele o *fenecimento* do Estado. Assim, ambos os termos "pode" e "deve" tiveram que permanecer pontos cruciais em qualquer orientação socialista historicamente sustentável, qualquer que seja a tentação de excluir um ou outro como experimentamos até o presente momento.

É bem conhecido que, ao lado do seu plano de escrever um trabalho relativamente curto sobre a dialética, um dos projetos importantes que Marx esperava realizar, particularmente em seus primeiros anos, era uma visão teórica geral dos problemas espinhosos do Estado. No entanto, como resultado de seu envolvimento sempre mais profundo na crítica radical à economia política, o que exigiu um esforço monumental – que até mesmo consumiu dolorosamente sua saúde –, esse projeto cada vez mais se afastou de seu horizonte.

Mas essa é apenas uma explicação parcial, ainda que compreensível em termos estritamente pessoais. Muito mais importante a esse respeito foi que o próprio desenvolvimento histórico objetivo após a onda revolucionária do final da década de 1840 recuou e, posteriormente, também resultou na relativa estabilização da ordem social do capital no "cantinho do mundo"[1] europeu após as graves crises econômicas do final da década de 1850 e 1860, nas quais Marx e Engels depositaram tanta esperança em relação à possibilidade de uma mudança fundamental da sociedade. Além disso, as crises econômicas e políticas da Europa no final da década 1850 e de 1860 trouxeram consigo não só a explosão social que se manifestou na Comuna de Paris de 1871, mas também a derrota militar e a repressão selvagem dos participantes dessa comuna, e, simultaneamente, o fortalecimento da solidariedade da classe burguesa contra o "inimigo comum"[2].

---

[1]   Carta de Karl Marx a Friedrich Engels, 8 de outubro de 1858, em Karl Marx, Friedrich Engels, *Collected Works* [doravante MECW] (Moscou, Progress, 1983), v. 40.

[2]   Ver minha discussão desses problemas, especialmente em relação ao papel de Bismarck na derrota da Comuna de Paris, no artigo "Reflexões sobre a Nova Internacional", *Margem Esquerda*, Boitempo, n. 22, abr. 2014, p. 67-90.

O *"fenecimento" do Estado?* 39

Inevitavelmente, tudo isso teve um grande impacto sobre as perspectivas de desenvolvimento do movimento da classe trabalhadora com a qual Marx estava também intimamente associado em termos pessoais, como um intelectual militante e líder político da articulação organizacional do movimento, a Primeira Internacional. Os incipientes desenvolvimentos tomaram o rumo dos movimentos particulares da classe trabalhadora, que começaram a ocupar terreno político--institucional em seu contexto nacional, mas isso aconteceu ao preço de abandonarem alguns de seus princípios revolucionários originais visando à atuação dentro do quadro legal e de orientação de classe burguesa do seu Estado capitalista.

ESSE PROBLEMA se apresentou de forma mais aguda na Alemanha, com o Programa de Gotha, o qual foi escrito com o propósito de promover a unificação da ala radical do movimento com os oportunistas acomodados da classe trabalhadora alemã. Os eisenacherianos constituíam a ala radical, ao passo que os lassalleanos – cujo inspirador esteve por muito tempo "provavelmente em entendimento secreto com Bismarck", como Marx corretamente deu a entender já em 1865[3] – estavam tentando integrar o movimento da classe trabalhadora na estrutura regulatória do Estado estabelecido. Em contraposição a isso Marx produziu em abril (ou início de maio) de 1875 a devastadora *Crítica do Programa de Gotha**, que apontou não apenas as contradições internas desse programa em particular, mas também as perspectivas desastrosas para o futuro do movimento socialista, caso adotasse a estratégia anunciada por tal unificação sem princípios. Mas tudo isso de nada adiantou e a fatídica unificação seguiu em frente.

De acordo com as dadas circunstâncias históricas a acomodação política prevaleceu, induzindo os participantes da classe trabalhadora a "seguir a linha da menor resistência" em suas relações com a ordem dominante. O desenvolvimento tomou esse curso também graças às perspectivas recém-abertas para a expansão do capital favorecidas pelo desenvolvimento imperialista, com a Alemanha de Bismarck como a concorrente mais poderosa no cenário internacional. Por essa razão é

---

[3] Carta de Karl Marx a Friedrich Engels, 18 de fevereiro de 1865, em MECW (1987), v. 42.

* São Paulo, Boitempo, 2012. (N. E.)

40 *A montanha que devemos conquistar*

compreensível que, por muito tempo ainda, o *fenecimento* do Estado não entrava em cogitação, mesmo que sua necessidade tivesse de ser reafirmada, como de fato foi feito por Marx na *Crítica do Programa de Gotha*. Significativamente, ele concluiu o texto com estas palavras resignadas: "*Dixi et salvavi animam meam*", "Disse e salvei minha alma". Naturalmente, a crítica radical de Marx foi ocultada da opinião pública pela liderança do novo partido por dezesseis anos. Quando, por fim, foi autorizada a publicação, duas décadas depois da Comuna de Paris – e, mesmo assim, apenas como resultado da enérgica intervenção de Engels, ameaçando revelá-la ele mesmo caso seu pedido continuasse a ser negado –, não havia mais nenhuma maneira de reverter o curso fatídico dos acontecimentos. A essa altura as coisas já haviam ido longe demais. O próprio Engels já insistia em 1875, em sua carta a August Bebel que pertencia à ala eisenacheriana do partido na época de sua unificação, que o caminho que deveria ser seguido pela reorientação defendida pela classe trabalhadora alemã, inevitavelmente, significava que "o princípio de que o movimento dos trabalhadores é um *movimento internacional* é, para todos os efeitos, *completamente repudiado*"[4]. As graves implicações desse julgamento profético para o movimento pego na armadilha de um beco sem saída tragicamente escolhido foram clamorosamente confirmadas com a eclosão da Primeira Guerra Mundial, quando a Social-democracia Alemã vergonhosamente identificou-se com a aventura da guerra imperialista de seu Estado.

Marx sempre enfatizou claramente que a grande transformação histórica do futuro é inconcebível sem o permanente trabalho revolucionário do que ele chamou de "*organismo de crítica prática*", ou seja, a classe trabalhadora internacional organizada. No entanto, mais ou menos simultaneamente com o impacto negativo do Programa de Gotha na Alemanha e, da mesma forma desencorajadora, também a Primeira Internacional passou por uma grande crise e teve que deixar de funcionar em 1875. É claro que teorizar sob tais condições sobre a proximidade do "fenecimento do Estado" seria, para dizer o mínimo, de fato muito ingênuo. Os desenvolvimentos imperialistas nas últimas duas ou três décadas do século XIX colocaram na ordem do dia os confrontos cada vez mais agressivos para a redefinição radical

---

[4] Carta de Friedrich Engels a August Bebel, 18-28 de março de 1875, em MECW (1991), v. 45.

das *relações de poder* entre as forças internacionais dominantes. E isso significou não o enfraquecimento, mas, pelo contrário, o imperativo do *fortalecimento* de seus Estados.

Nem é preciso dizer que estavam além do horizonte de Marx as imensas consequências destrutivas dos empreendimentos imperialistas que se desdobraram e suas implicações militares correspondentes, que resultaram a seu tempo até mesmo em duas *conflagrações globais* e, no plano econômico, em um *monopolismo* profundamente arraigado e cada vez mais dominante. A teorização adequada do novo imperialismo, com seu impacto necessário sobre a natureza das formações estatais do capital, ficou para a época de Lenin. E mesmo então ela necessariamente seria afetada por especificidades históricas transitórias, levando consigo conotações um tanto otimistas ao definir o imperialismo, tendo em vista seus diversos antagonistas estatais letalmente beligerantes, como a "última fase do capitalismo". A formação subsequente do *imperialismo hegemônico global*, tendo os Estados Unidos da América como potência esmagadoramente dominante, foi constituída apenas após a Segunda Guerra Mundial e até agora também obteve sucesso na gestão de seus negócios, sem uma colisão mundial dos Estados capitalistas potencialmente conflitantes. Além disso, outra maneira radicalmente diferente de controlar a modalidade de reprodução sociometabólica que apareceu na história bem além do horizonte de Marx foi o sistema econômico e político de tipo soviético com a extração máxima *politicamente regulada* do trabalho excedente sob o domínio de sua formação de Estado, em contraste com a extração *primordialmente econômica* do trabalho excedente como *valor excedente*.

Em vista de todas essas considerações, podemos lembrar o seguinte:

> Já que o capital, durante a vida de Marx, estava muito distante da sua moderna articulação como um sistema verdadeiramente global, sua estrutura geral de comando político, como sistema de Estados globalmente interligados, era muito menos visível em sua precisa mediaticidade. Não é, portanto, de modo algum surpreendente que Marx nunca tenha tido sucesso em sequer rascunhar os meros esboços de sua teoria do Estado, apesar de este receber um lugar muito preciso e importante no seu sistema projetado como um todo. Hoje a situação é absolutamente diferente, à medida que o sistema global do capital, sob uma variedade de formas muito diferentes (na verdade contraditórias), encontra seu equivalente político na totalidade das relações interdependentes entre Estados e no interior deles. É por isso

42 *A montanha que devemos conquistar*

que a elaboração da teoria marxista do Estado hoje é ao mesmo tempo possível e necessária. Na verdade, é vitalmente importante para o futuro das estratégias socialistas viáveis.[5]

---

[5] István Mészáros, "Como poderia o Estado fenecer?", em *Para além do capital*, cit., p. 597-8. A íntegra desse capítulo encontra-se reproduzida no Apêndice 1 deste volume, p. 113-71.

3
A ILUSÓRIA LIMITAÇÃO DO PODER DO ESTADO

Mas podemos afirmar com certeza que existe uma teoria marxista adequada do Estado na literatura mais recente?

Permitam-me citar sobre esse assunto Norberto Bobbio, que nos deixou um corpo teórico muito valioso sobre o direito, desenvolvido por ele na melhor tradição do liberalismo original, naquele momento sem dúvida progressista. Além disso, Bobbio como um estudioso não era apenas um apaixonado antifascista. Ele também professou profunda simpatia por reformas sociais e consistentemente expressou solidariedade para com aqueles que encontram-se em profunda desvantagem na sociedade capitalista. Isso é claramente testemunhado por muitas de suas esclarecedoras intervenções nos debates políticos do pós-guerra e por seu papel legislativo como senador vitalício, sob a presidência de Sandro Pertini, no velho Partido Socialista Italiano, que foi liderado por um longo período por Pietro Nenni, bem antes de sua corrupção por Berlusconi e sua desintegração sob Bettino Craxi. Sempre considerei Norberto Bobbio um amigo muito querido e um grande aliado da nossa causa.

A resposta de Bobbio para a pergunta "Existe uma teoria marxista do Estado?" – título de um de seus proeminentes artigos – é um enfático não. Ele afirma essa visão por vezes até com um sarcasmo contundente, como, por exemplo, quando comenta o debate entre John Lewis e Louis Althusser. Estas são suas palavras:

> Lewis escreveu que "o homem faz a história". Althusser solta um panfleto contra ele, alegando que tal não é o caso. "*Ce sont les masses qui font l'histoire*

44 *A montanha que devemos conquistar*

[São as massas que fazem a história]." Desafio qualquer um a encontrar um cientista social fora do campo marxista, que possa apresentar seriamente um problema desse tipo.

E Bobbio acrescenta em nota de rodapé:

Das duas afirmações, a de Lewis pelo menos tem o mérito de ser clara, ainda que geral, e de ter um objetivo polêmico preciso: dizer que a história é feita pelos homens significa dizer que ela não é feita por Deus, pela providência etc. A afirmação de Althusser, por outro lado, que pretende ser uma proposição científica, é igualmente geral, mas pouco clara. De fato, não é preciso ser um admirador da filosofia analítica para considerar a proposição sem sentido, uma vez que, para dar-lhe sentido, seria necessário definir o que são as massas, o que significa "fazer" e o que é história – um empreendimento extremamente simples![1]

Naturalmente, as últimas palavras são carregadas de ironia cortante. Bobbio seria o último a negar as grandes dificuldades teóricas envolvidas na solução satisfatória de tais problemas. Na verdade, ele tende a argumentar no sentido oposto, colocando a ênfase nas dificuldades avassaladoras. De qualquer modo, Bobbio também está correto em afirmar que alguns marxistas italianos, que declaram que há uma teoria totalmente desenvolvida do Estado nos escritos de Marx, continuam a repetir vinte páginas do texto marxiano – de *A guerra civil na França*, como Umberto Cerroni faz em sua *Teoria política e socialismo* – e não conseguem explicar a realidade do Estado. Em seu extremamente popular *Qual socialismo?*[2], Bobbio oferece a mesma posição negativa sobre os problemas debatidos do socialismo – na forma de uma multiplicidade de perguntas sem respostas conclusivas[3] – como em seu artigo anteriormente citado da revista *Telos*.

Não obstante, não se pode negar a valorização por parte de Bobbio do próprio Marx como pensador dialético. Isso é claramente visível em um artigo fundamental publicado numa de suas mais importantes coleções

---

[1] Norberto Bobbio, "Is There a Marxist Theory of the State?", *Telos*, 1978, p. 11.

[2] Publicado originalmente em 1976, pela italiana Einaudi [ed. bras.: 4 ed., Rio de Janeiro, Paz e Terra, 2002].

[3] Às vezes, Bobbio até admite: "Eu não tenho nenhuma resposta precisa para toda essa questão". Ibidem, p. 106.

de ensaios: *De Hobbes a Marx*[4]. Num artigo desse volume intitulado "A dialética em Marx" e publicado pela primeira vez em 1958, ele destaca uma questão vital a respeito da relação entre a *lógica* hegeliana e a teoria hegeliana do Estado. No espírito de sua própria preferência pela concepção democrática liberal do Estado, Bobbio cita Marx em pleno acordo: "A lógica não serve para demonstrar o Estado, mas o Estado serve para demonstrar a lógica". Desse modo, Marx descreve, de fato, o processo de mistificação da realidade, que consiste em converter uma posição empírica em uma proposição metafísica[5].

Ao mesmo tempo, de um modo um tanto conflitante, Bobbio comenta que, "em minha opinião, o que conta sobre o Marxismo na história do pensamento é a teoria materialista da história"[6]. Aqui também, apesar de concordar com Marx na sua crítica de Hegel, e, nesse sentido, qualificar sua simpatia pela dialética marxista enquanto rejeita a dialética da natureza, não há nenhum sinal de Bobbio aprovar, até mesmo em princípio, a concepção marxista do Estado, embora nesse ensaio de 1958 seu raciocínio seja explicitado com base em considerações metodológicas discutíveis que, devido a nossas limitações aqui, não podem ser discutidas agora.

Mas essa questão vai muito além de uma controvérsia histórica particular. Ela também destaca um problema teórico mais fundamental. Pois, mesmo se concordarmos com Bobbio sobre a ausência de uma teoria marxista apropriada do Estado até o presente momento, existe algo muito problemático em relação a sua posição como um todo, a qual ele compartilha com a tradição liberal em geral. É de grande relevância a esse respeito o fato de Bobbio *afirmar* veementemente a não existência da teoria marxista do Estado, mas, sendo assim, nunca investigar *por que* ela

---

[4] Ver Norberto Bobbio, *Da Hobbes a Marx* (Napoli, Morano, 1965). Em outro importante artigo, intitulado "Studi hegeliani" e contido no citado volume de ensaios (p. 165-238), publicado pela primeira vez em *Belfagor* em 1950, a atitude de Bobbio é muito mais negativa em relação a uma concepção dialética da história, sugerindo que, na "filosofia da história" de Marx, encontramos um *desfecho* escatológico hegeliano da história em si (ibidem, p. 211), quando na verdade Marx contrasta a "*pré-história* da humanidade" com o início da "*história real*", como resultado da transformação emancipadora radical da sociedade atualmente dominada pela alienação.

[5] Ibidem, p. 251.

[6] Ibidem, p. 263.

46   A montanha que devemos conquistar

não existe, se não existe. De fato, Bobbio simplesmente *estipula* – tanto pela forma em que argumenta seu próprio caso quanto também ao *tomar partido* totalmente pela concepção democrática liberal do Estado – que a teoria marxista do Estado não só *não existe*, mas também que *não pode existir* de modo algum. E, dessa forma, não há necessidade de fazer a pergunta *por que*, de crucial importância, pois *afirmação* e *estipulação* – baseadas na *assunção* da validade permanente do Estado democrático liberal – resolvem o assunto como algo óbvio.

Essa posição é firmemente expressa na rejeição categórica de Bobbio a *qualquer* alternativa à *democracia representativa*, o que significa, obviamente, também o correspondente repúdio de Rousseau. Naturalmente, a rejeição da ideia marxista do *fenecimento do Estado* é um corolário necessário de tudo isso. Bobbio na verdade adota ideias de Adam Smith sobre as limitações exigidas do poder do Estado, em nítido contraste com ideia da universalidade ideal do "*Estado ético*" plenamente adequado de Hegel. Paradoxalmente, no entanto, em conflito não reconhecido com alguns de seus próprios princípios, Bobbio abraça a posição até mesmo da ala conservadora da teoria democrática liberal representada por Luigi Einaudi, o primeiro presidente da República Italiana no pós-guerra[7]. Não surpreende que, nessa abordagem, a questão do *por que* tampouco seja posta em relação aos fundamentos constitutivos e objetivos e, consequentemente, à viabilidade futura (ou não) do próprio Estado democrático liberal.

No entanto, sem uma explicação *histórica/genética* e um prognóstico do passado, presente e futuro, não pode haver *nenhuma teoria validamente sustentável* do Estado, de fato, de qualquer Estado. Só pode haver sua *pressuposição* e – no que diz respeito ao futuro – sua mais ou menos peremptória *afirmação*, complementada por uma teoria (ou filosofia) do direito. Tal *teoria do direito*, representada como *teoria (ou filosofia) do Estado*, pode explicar apenas a *modalidade* de *funcionamento* do quadro legal *dado* – como, por exemplo, o funcionamento parlamentar da "democracia representativa" – e fazer isso de uma forma mais idealizada.

---

[7]   "Qualquer um que tenha lido os escritores na tradição liberal de Locke a Spencer, ou os grandes liberais italianos de Cattaneo a Einaudi, sabe que sua principal preocupação sempre foi a de restringir o Estado, para salvar a sociedade civil (no sentido marxiano) da interferência excessiva", Norberto Bobbio, "Is There a Marxist Theory of the State?", cit., p. 10-1.

Esse é o caso até mesmo quando os defensores da abordagem liberal estão dispostos a defender a "restrição da interferência excessiva do Estado na sociedade civil", tendo seus esforços em geral muito pouco ou nenhum sucesso.

Essa relação indica uma grande preocupação que, via de regra, é obscurecida ou até mesmo completamente ignorada. Pois a investigação dos problemas do Estado é frequentemente *identificada com,* ou, em termos mais precisos, *reduzida a* teorias de *lei* e *direito.* Em alemão, como se sabe, a mesma palavra *Recht* abrange tanto lei quanto direito. Na verdade, a *Filosofia do direito* de Hegel também é sua *Filosofia do Estado,* e esse trabalho é traduzido às vezes de um modo, às vezes de outro. O problema sério a esse respeito é que a identificação do Estado com a lei e o direito distorce fundamentalmente e racionaliza e justifica apologeticamente a *realidade de fato existente do Estado* ao projetar – explícita ou implicitamente – a *coincidência ideal* de lei legítima na coincidência de "lei" e "Estado", que está longe de ser obviamente inquestionável. Pois o Estado realmente existente – incluindo, claro, o moderno "Estado democrático" capitalista – é caracterizado não só por *lei e direito,* mas também pela absolutamente destrutiva *ilegalidade* e assim pelo diametralmente oposto de *lei legítima.*

Em algumas circunstâncias de crises particularmente agudas isso até mesmo é reconhecido por teóricos liberais do direito. Mas, mesmo quando isso é feito, esse reconhecimento embaraçoso acontece de uma maneira caracteristicamente unilateral, sem examinar os pressupostos questionáveis da própria estrutura liberal defendida apesar de sua crise. Um bom exemplo é um livro politicamente bem-intencionado, mas teoricamente bastante duvidoso, de Philippe Sands, intitulado *Lawless World: America and the Making and Breaking of Global Rules* [Mundo sem lei: a América estabelecendo e quebrando regras globais][8]. O que torna o livro de Sands sobre as recentes graves violações do direito internacional bastante inadequado é que o autor simplesmente postula a *excepcionalidade* da ilegalidade do Estado, sem investigar as *causas* subjacentes que tornam a própria ilegalidade do Estado a *regra recorrente* em períodos de *grandes crises.* Quando Philippe Sands tenta explicar o que ele chama de "um dos *grandes enigmas* da vida política britânica

---

[8] Publicado originalmente na Inglaterra pela Penguin, em 2005.

48 *A montanha que devemos conquistar*

moderna"[9] – o que, nesse caso, longe de ser enigmático, afirmou-se na total subserviência do primeiro-ministro britânico às aventuras militares ilegais do imperialismo norte-americano no governo George W. Bush no Afeganistão e no Iraque, no que diz respeito ao direito internacional, expostas e honrosamente condenadas pelo autor de *Lawless World* –, ele está disposto a cogitar seriamente como ideia explicativa o "idealismo" de Blair e sua "bem-intencionada" atitude em relação à política internacional[10]. Mas é claro que a ilegalidade do Estado, condenada por alguns teóricos liberais do direito em nome da lei, prossegue com força total na arena internacional mesmo depois que Bush e Blair cederam seus postos a seus sucessores. E não há nada de *enigmático* nisso.

---

[9] Ibidem, p. 230-1.

[10] Ibidem, p. xix.

4
A AFIRMAÇÃO DA LEI
DO MAIS FORTE

A verdade subjacente mais profunda e a determinação causal dessas questões – válidas para *todos os Estados*, incluindo o habitualmente idealizado "Estado democrático moderno" – é que *o direito é a base do poder* [*right is might*] porque *o poder é que estabelece o direito* [*might is right*], e não o contrário, como é infundadamente postulado até mesmo por alguns defensores genuínos da teoria liberal. Naturalmente, a *modalidade* particular de afirmar, por meio da legislação do Estado, o suposto imperativo para a imposição e legitimação da *lei do mais forte* [*might-as-right*] muda historicamente. Mas as determinações fundamentais permanecem as mesmas, enquanto o próprio Estado existir sob *qualquer* forma.

Isso é verdade também nas *fases* particulares – mudando "de um lado para outro" de tempos em tempos, do Estado capitalista moderno dominado, por exemplo, de modo democrático liberal/bonapartista/imperialista colonialista/nazifascista/neoconservador etc. Além disso, o sistema do capital pós-revolucionário também produziu suas fases historicamente variadas, de formações mais ou menos diretamente autoritárias de Estado, de Stalin a Kruschev e de Gorbachev e Yeltsin a Putin, ou as formas denominadas de "democracias dos povos" de Rákosi a Gomulka e Kádár, ou, em outra definição, as formas reguladoras de Estado sob Tito. Naturalmente, as variedades chinesas historicamente distintas, desde a época de Mao até o presente, devem ser também lembradas nesse contexto.

Nem Marx nutriu qualquer ilusão sobre o caráter viável da formação estatal de transição no que concerne à "lei do mais forte" [*might-as-right*]

50 *A montanha que devemos conquistar*

herdada. Ele visualizou essa formação com a orientação explicitamente afirmada de transformar "poder-em-direito" [*might-into-right*]. Marx deixou isso muito claro ao falar sobre a *ditadura do proletariado* transitória precisamente em sua *Crítica do Programa de Gotha* enquanto também salientava vigorosamente o necessário fenecimento do Estado.

A fórmula *apologética do Estado* de Max Weber, que atribui "o monopólio da violência" ao Estado – muitas vezes saudada como uma grande ideia – é na verdade uma pseudoexplicação superficial e uma evasão cínica do problema real em si. Isso está no mesmo nível de outra ideia profunda de Weber, que grotescamente afirma que o Estado é a "criação de juristas ocidentais". Nenhuma das duas proposições tem sequer um valor explicativo mínimo relacionado às condições em que a formação do Estado moderno passa a existir e historicamente muda suas formas de instituição de medidas de consenso democráticas liberais em um determinado estágio de desenvolvimento para a adoção de regras francamente ditatoriais de controle[1]. Os sérios problemas referentes a *por que* o Estado *deve recorrer* à violência quando o faz e, ainda mais importante, *até que ponto* um sistema de gestão da sociedade como esse, exercido pelos processos de tomada de decisão política alienados, pode ser sustentado historicamente permanecem "*mistérios*" completos (ou "enigmas", como ingenuamente sugere Sands, citado na seção anterior), mesmo quando é propagandeada a ridícula sugestão weberiana, a qual pretende explicar a realidade antagônica do Estado como as dores de parto dos cérebros de juízes ocidentais mais ou menos embriagados.

No passado, a idealização em causa própria do Estado democrático liberal relegou o problema da violência do Estado ao domínio do "*Estado despótico*". Isso continuou a ser feito também mais tarde, quando alguns teóricos liberais do Estado estavam dispostos a reconhecer a violência (é claro, a violência estritamente marginal) em seus próprios Estados, como "aberração", "excessos" ocasionais do executivo, "caráter excepcional"

---

[1] Ver a esse respeito a análise de Lukács da própria aceitação de Weber da repressão ditatorial inclusive a ponto de sua total concordância com as opiniões do general protofascista Ludendorff sobre "o Líder". O general Ludendorff, chefe de gabinete [*chief of staff*] do marechal Hindenburg na Primeira Guerra Mundial, foi um dos primeiros partidários de Hitler na hierarquia militar alemã. Abordei esse assunto no meu livro *Estrutura social e formas de consciência*, v. 1: *A determinação social do método* (São Paulo, Boitempo, 2009).

de emergência ou "fracasso" administrativo e afins, todos devendo ser devidamente corrigidos pelas futuras "restrições estatais" ilusoriamente projetadas pela teoria política liberal.

Sob o impacto de contradições e antagonismos aguçados, no século XX, a noção de "*Estado despótico*" foi "modernizada" na forma do *Estado totalitário*. Essa definição funcionava como um guarda-chuva conceitual conveniente, mas um tanto absurdo, sob o qual uma boa porção de determinações completamente diferentes – para não dizer diametralmente opostas – podiam ser agrupadas sem explicar nada, sendo, no entanto, proclamadas e sustentadas através da autoevidência definidora/tautológica adotada de afirmação pretensamente "descritiva". Além disso, a pretensão estabelecida como definição para a autoevidência também deveria ser uma *crítica fundamental* das formas "totalitárias" de Estado denunciadas e, ao mesmo tempo, de modo ainda mais problemático, a justificativa igualmente evidente da posição assumida pelos "teóricos antitotalitários" que se definiram em termos de repúdio autorrecomendado circularmente daquilo que simplesmente rejeitaram. No sistema filosófico de Hegel, o problema do Estado despótico foi solucionado pelo desdobramento do "Espírito Absoluto" e pela revelação dele mesmo em termos de desenvolvimento histórico mundial, ao confinar o despotismo oriental irremediavelmente ao passado e trazer à luz, ao mesmo tempo, o verdadeiro "Estado ético" como "*a imagem e a efetividade da razão*"[2]. Isto é: afirma-se que o próprio Espírito do Mundo estabelece o verdadeiro reino do *Recht* no mais completo duplo sentido do termo, abrangendo tanto o Estado como o direito moralmente louvável. Mas é claro que isso não poderia significar o fim da violência, pois Hegel, para crédito de sua consistência intelectual, manteve simultaneamente a idealidade e a realidade inalterável do *Estado-nação*, o que para ele significava também a aceitação moralmente justificada da guerra como a última garantia para a *soberania* do Estado-nação idealizado.

Naturalmente, também na filosofia de Hobbes não se poderia cogitar a superação da violência. Longe disso. Na verdade, em qualquer teoria política orientada para o Estado-nação, o ponto de vista de tal Estado só poderá ser adotado com *consistência* pelos teóricos envolvidos se forem aceitas também as implicações necessárias do Estado-nação

---

[2] G. W. F. Hegel, *The Philosophy of Right* (org. T. M. Knox, Oxford, Claredon, 1942), p. 222 [ed. bras.: *Linhas fundamentais da filosofia do direito*, São Leopoldo/São Paulo, Unisinos/Loyola, 2010, p. 313].

52 *A montanha que devemos conquistar*

para a guerra – tendo em vista as relações *interestatais* antagônicas potencialmente mais destrutivas que devem ser levadas à sua conclusão lógica. Isso só pode ser contradito pelo ilusório *Sollen* kantiano – seu projetado "dever-ser" – da *paz perpétua* postulada, mas em terreno social do capital nunca realizável, descartada com sarcasmo cortante por Hegel.

NA VERDADE, o verdadeiro problema não é a *violência genérica,* mas a *ilegalidade do Estado* bem concreta, socialmente fundamentada e sustentada que emerge regularmente e afirma-se como uma questão de *determinações de crise sistêmica.* A questão da violência, não importa quão grave ela seja, é apenas uma parte do problema mais geral e também muito mais fundamental. A pretensa afirmação descritiva "livre de valores" sobre o monopólio estatal da violência é apenas uma trivialidade circular no nível descritivo alegado. Na verdade, o propósito real não reconhecido do pronunciamento weberiano é a *legitimação* e a *justificação* apologética do Estado capitalista e de sua *ilegalidade* enquanto violência. Isso não pôde mais ser removido das alegações de *Wert-Freiheit* [liberdade de valores] do autor. Em seu significado apropriado, a afirmação weberiana coloca que até mesmo a violência do Estado é legítima, porque o próprio Estado não pode ser *responsabilizado* pela sua ilegalidade e violência por ninguém, daí o seu *monopólio.*

No entanto, em um exame mais minucioso, tal proposição acaba sendo não apenas vazia, mas também absolutamente falsa por duas razões. Primeiro, porque, às vezes – como os julgamentos dos crimes de guerra de Nürnberg, quando as antigas relações de poder sofreram um merecido choque e revés –, a *isenção de responsabilidade* postulada para o Estado é negada enfaticamente e *com razão*, com consequências óbvias para o pessoal de comando do Estado culpado. E segundo, porque o pretenso "monopólio da violência", em seus termos de referência para a isenção de responsabilidade pelo ato em questão, aplica-se também ao *louco* que mata outro ser humano, e recebe como reconhecimento implícito de seu próprio "monopólio da violência" weberiano a sentença de ser enviado para uma instituição médica ou "manicômio", em vez de ser executado ou condenado à prisão perpétua.

Assim, falando sobre o monopólio da violência, independentemente de ser de fato falso enquanto monopólio pretensamente exclusivo, também é uma evasão ideologicamente flagrante e em causa própria do problema essencial. Ou seja, isso é a evasão apologética do Estado do fato fundamental de que nossa real preocupação é a *ilegalidade do Estado* – mesmo quando essa não se manifesta de forma violenta, mas, sim, por exemplo, como uma fraude promovida pelo Estado em não proteger legalmente da evasão fiscal e assim facilitá-la de fato – e a violência não genérica, que pode assumir um número virtualmente infinito de formas mais ou menos diretamente nocivas. Evidentemente, a prevalência da violência nas práticas do Estado pode ser mais ou menos intensa de acordo com as circunstâncias em evolução. Mas a mudança de modalidade da violência do Estado deve ser objeto de séria investigação histórica, em vez de ofuscar o assunto com a identificação genérica do Estado com o seu decretado monopólio da violência.

VALE A PENA citar aqui mais extensamente as visões de Ernest Barker sobre o Estado e a lei. Significativamente, um antigo professor de ciência política na Universidade de Cambridge, Barker ainda é parte do currículo geral da universidade. Nós encontramos em sua teoria do Estado a mais reveladora idealização tanto do Estado como da lei, ao afirmar sua unidade ideal em termos de uma noção misteriosamente proclamada de "finalidade". É assim que Barker apresenta esse ponto de vista:

> Cada sociedade nacional é uma *unidade* [...]. Mas cada sociedade é também uma *pluralidade*. É uma rica teia compreendida de *grupos* – religioso e educacional; profissional e ocupacional, alguns para o prazer e alguns para o *lucro*, alguns baseados em vizinhança e alguns em *outras afinidades*; todos tingidos com a cor nacional e ainda assim todos (ou a maioria deles) com a capacidade e o instinto para associarem-se com *grupos* semelhantes em outras sociedades nacionais e, assim, entrarem em alguma forma de conexão internacional. [...] O Estado, podemos dizer, é uma sociedade nacional que se transformou em uma associação legal, ou uma organização jurídica, em virtude de um ato legislativo e um documento chamado de *constituição*, que dali por diante é a norma e padrão (e, portanto, o "Soberano") de tal associação ou organização. [...] Constituído por e sob essa constituição, e, portanto, criado por um ato legal (ou uma série de atos), o Estado existe para realizar a *finalidade* legal e política para o qual foi constituído.[3]

A palavra claramente ausente de tal ciência política e sua teoria do Estado é *classe*. Em seu lugar, temos a vaga noção universal de "grupos".

---

[3] Ernest Barker, "Introduction", em Otto Gierke, *Natural Law and the Theory of Society 1500 to 1800* (trad. ing. Ernest Barker, Boston, Beacon, 1957), p. xxiii.

54 *A montanha que devemos conquistar*

O resultado da adoção desse tendencioso "mínimo denominador comum" – através do qual os exploradores de classe capitalistas da classe do trabalho aparecem como membros de uma "associação voluntária interessada no lucro", e os trabalhadores não aparecem em lugar nenhum – é a genericidade retórica relativa a "grupos" que supostamente compõem a "sociedade nacional". E depois, é claro que somos apresentados à circularidade habitual de tais teorias políticas na tentativa de Barker de definir "a constituição do Estado" – da qual tantas outras coisas supostamente dependem – por meio de sua "constituição", incorrendo em petição de princípio a serviço da apologética social e política. Assim, também nos é informado algumas páginas mais adiante que:

> O Estado é essencialmente *lei*, e a *lei é a essência do Estado*. O Estado é essencialmente lei no sentido de que ele existe a fim de garantir uma *ordem correta* das relações entre seus *membros*, expressa na forma de regras declaradas e impostas. A lei como um sistema de regras declaradas e impostas é a essência do Estado da mesma maneira que as suas [do filósofo político] palavras e atos são a essência do homem.[4]

A única preocupação de Barker é postular abstratamente a realidade ilusória do "Estado cumpridor da lei", a saber, a lei britânica idealizada por ele, em contraste com o Estado autoritário – alemão/italiano/fascista. Mas, como acontece com frequência, essa abordagem não está nada interessada em uma análise crítica da origem, natureza e transformação do "Estado obediente à lei" idealizado, que ele circularmente assume no terreno instável das relações de forças estabelecidas temporariamente.

A intenção subjacente e a utilidade prática de tratar o Estado como um "grupo" como os demais "grupos" manifesta-se na forma de Barker *legitimar* o Estado em seu discurso sobre a *"finalidade do Estado"*. Estas são suas palavras:

> Ele [o Estado] é um grupo ou uma associação; e encontra-se em pé de igualdade com outros grupos ou associações. Sua essência ou existência consiste em *sua finalidade*, assim como a essência ou existência de todos os outros grupos consiste na finalidade deles. A finalidade não é só a essência dos grupos contidos no Estado, mas também a essência do próprio Estado. [...] A característica da finalidade do Estado é que ela é a *finalidade específica da Lei*. Outras finalidades, na medida em que digam respeito ou afetem

---

[4] Ibidem, p. xxviii.

essa finalidade, devem necessariamente ser ajustadas a ela. Isso é o mesmo que dizer que outros grupos, na medida em que detêm ou assumem uma posição legal, devem, necessariamente, ser ajustados ao grupo legal que chamamos de Estado. Desse modo, eles não são ajustados *à sua vontade*: eles são ajustados à sua *finalidade*, que é a *lei*. O Estado estaria falhando em atingir sua finalidade e, assim, cumprir o seu dever, se fracassasse em garantir tal ajuste. Mas o ajuste não é uma questão de arbítrio nem é absoluto: ele é controlado pela finalidade do Estado e é relativo a essa finalidade. Rejeitar a teoria da personalidade real dos grupos é não cair na adoração do Estado onicompetente ou absoluto. Trata-se de encontrar a essência do Estado na sua finalidade de Lei, e *submetê-lo a sua finalidade*, assim como encontramos a essência de outros grupos também nas finalidades *particulares* deles, e assim como os convertemos também em servos e ministros de sua finalidade.[5]

Dessa forma, a "finalidade" ilusoriamente idealizada revela sua substância apologética quando Barker afirma que a *finalidade* do Estado é também o seu *dever* moralmente louvável para *impor os ajustes necessários* a sua própria "finalidade". Desse modo, opondo pseudodemocraticamente a "finalidade" desincorporada à *vontade* realmente operante, tal como adotada por Ernest Barker – enquanto insiste no *dever* do Estado para *impor conformismo* –, chega-se a nada mais do que sofismas apologéticos. Ao mesmo tempo, a afirmação de Barker sobre "*submeter o Estado a sua finalidade*" é totalmente vazia. Na melhor das hipóteses, é apenas uma coleção ilusória de palavras sem conteúdo prático. Pois quem vai legalmente "*submeter* o Estado a sua finalidade", quando todo o discurso é centrado na necessária – e, nas próprias palavras de Barker, constitucionalmente santificada – sujeição de "todos os grupos e associações" à "finalidade" dominadora do Estado, legitimada por ele em nome da *identidade* categoricamente afirmada *do Estado e da lei*, definida como sua mútua "essência".

O PROBLEMA com todas essas deturpações apologéticas do Estado e da lei é que a difícil questão de justificar a relação, de fato existente, entre *poder e direito* sob as formações estatais do capital ou é evitada ou mais ou menos conscientemente considerada como a maneira apropriada de gerenciar o intercâmbio social em todos os sistemas possíveis de tomada de decisão política global. Consequentemente, a questão espinhosa da

---

[5] Ibidem, p. lxxxvii.

56 *A montanha que devemos conquistar*

ilegalidade do Estado não pode sequer ser considerada, não importa quão grave seja. Pois a mera suposição do *poder* como o fundamento legítimo mais ou menos implícito, mas sempre arbitrariamente decretado, do *direito em si* justifica tudo por definição. Ele justifica ainda a supressão mais crua e violenta da *dissidência interna* e sua busca por uma alternativa viável, para não mencionar as guerras desencadeadas contra o "*inimigo externo*" no interesse de exportar temporariamente os antagonismos internos acumulados da ordem sociometabólica estabelecida.

Além disso, ao tratarem a lei do mais forte [*might-as-right*] dessa forma apologética e autojustificada, os campeões da tal ideologia legitimadora do Estado também transformam em um completo *mistério* como e *por que* o "Estado obediente à lei" postulado e por eles moralmente elogiado *torna-se* o tipo de "Estado alemão/italiano/fascista" – criticado por Barker – sob circunstâncias históricas determinadas. Não é possível que os teóricos políticos que assumem o poder como o fundamento legítimo e evidente do direito tenham uma resposta para essa pergunta embaraçosa. Ou eles fecham os olhos para ele, ignorando a evidência histórica dolorosa, ou, pior ainda, entram em acordo com ele quando tais desenvolvimentos ocorrem, enquanto mantêm suas pretensões à iluminação política, como Max Weber faz. Quanto a isso, não é de modo algum acidental que Weber, sendo um "homem para todas as estações" – apesar de suas reivindicações liberais –, tenha sido um defensor militar entusiasta dos interesses agressivos do imperialismo alemão durante a Primeira Guerra Mundial e tenha estado em pleno acordo com o culto protofascista ao "Líder" do general Ludendorff também no rescaldo dessa guerra, como mencionado anteriormente.

A relação necessária é entre *ilegalidade do Estado* enquanto tal e a afirmação da *lei do mais forte* como a modalidade prática de tomada de decisão política global sob o domínio do capital. As formações estatais historicamente dadas do sistema do capital devem se afirmar como *executoras* eficazes das regras necessárias para a manutenção da ordem sociorreprodutiva estabelecida. Naturalmente, a "Lei" deve ser definida e alterada em conformidade, a fim de atender às mudanças nas relações de poder e às alterações correspondentes dos antagonismos fundamentais inseparáveis do metabolismo de reprodução social do capital. Essa maneira de impor a legitimidade do Estado é viável por vezes em sintonia com as "normas constitucionais", e outras vezes só através da suspensão e violação de todas as regras desse tipo. O desenvolvimento histórico decide qual dos dois deve prevalecer sob as circunstâncias dadas e, via de regra, mutáveis. Por isso, é totalmente arbitrário postular como *norma* a constitucionalidade ideal ou sua necessária suspensão ou abolição. Ambas vão – ou melhor, *vão e vêm* – juntas com uma regularidade espantosa. Como, no entanto, a *lei do mais forte* deve sempre levar vantagem, pelo menos como "poderes de reserva" da soberania idealizada, e deve fazê-lo até mesmo sob as circunstâncias menos conflituosas de uma "idade de ouro democrática e livre de problemas", qualquer postulado do "Estado obediente à lei" – ou das formulações democráticas liberais da mesma ideia como "contenção do Estado" em relação à "sociedade civil" – não passa de pura ficção. Assim a *ilegalidade do Estado*, como afirmação necessária da *lei do mais forte* sob as circunstâncias historicamente mutáveis das determinações sempre autolegitimatórias, é inseparável da realidade do Estado como tal. Em outras palavras, a lei do mais forte e a ilegalidade Estado são em certo sentido sinônimos, em vista de sua *correlação necessária*. Contingente nesse relacionamento necessário é a forma ou modalidade – isto é, a não violenta ou, pelo contrário, até mesmo na sua forma mais brutal – de afirmação do imperativo da lei do mais forte legitimador do Estado.

Um bom exemplo da relação formalmente mutável, mas contínua quanto à sua substância, entre a ilegalidade do Estado e a lei do mais forte na história britânica foi fornecido pela afirmação sumamente autoritária do poder do Estado em nome da "defesa da democracia", sob a liderança de Margaret Thatcher durante a greve dos mineiros de 1984. Os documentos secretos do Estado, divulgados em janeiro de 2014, em conformidade com a "regra dos trinta anos" de ocultamento legalizado deixaram bem claro que o governo britânico não apenas mentiu sistematicamente nos meios de comunicação sobre as questões contestadas, negando a política secreta já adotada do fechamento de 75 minas de carvão e o desemprego em massa como resultado necessário dessa decisão, mas também recorreu à ação mais ilegal de violência do Estado contra os mineiros e seus partidários, cinicamente violando seus próprios estatutos constitucionalmente regulados. O governo de Margaret Thatcher deu ordem à força policial para intervir de forma ilegal e violenta contra os mineiros em greve prolongada, violando, desse modo, não só as regras democráticas professadas em geral, mas, paradoxalmente, até mesmo as regras constitucionais estabelecidas para a própria polícia para a finalidade da ideologicamente aceitável "imposição democrática da

58 *A montanha que devemos conquistar*

lei". Esse curso de eventos teve de ser imposto naquelas circunstâncias apesar de a força policial querer pôr-se de acordo com suas regras e seus estatutos constitucionalmente prescritos. Naturalmente, a polícia queria fazer isso não para defender a constitucionalidade, mas no interesse de manter um relacionamento mais facilmente controlável com o público em geral, em vez de expor-se a ser a parte diretamente responsável pela amarga contraditoriedade resultante da ação ordenada, ilegal e, de fato, inconstitucionalmente, pelo governo "democrático".

O Estado, com seu poder de ilegalidade, estava *acima da lei*, em primeiro lugar, graças à realidade autolegitimatória da lei do mais forte. Caso contrário, ele não poderia agir de forma ilegal até mesmo passando por cima de sua própria força policial, violando os estatutos constitucionais relevantes quando isso se adequava às circunstâncias em mudança. Estar *acima da lei* – não como uma "aberração", mas pela determinação sempre dada inerente ao Estado do capital, revelada apenas em momentos de grande conflito – é o significado fundamental da *ilegalidade incorrigível do Estado*. A ilegalidade incorrigível do Estado reside em sua constituição mais íntima como *árbitro* soberano sobre a lei e, portanto, *acima da lei*. O resto é consequência ou secundário a isso, incluindo o tecnicismo apologeticamente saudado da "separação dos poderes", dependendo se o cumprimento das implicações objetivas de estar acima da lei exige modalidades violentas ou não violentas de ação. Os "estados de emergência" podem ser decretados sempre que as condições de crises em intensificação tornarem tal curso de ação a "maneira adequada", mesmo sem qualquer envolvimento militar. As mentiras cínicas e ideologicamente embelezadas enunciadas em nome da "defesa da democracia" não devem ser confundidas com a própria realidade. Na prática do Estado, não surpreende que a vã tentativa de justificar o injustificável acrescenta insulto à injúria, primeiro atuando da forma mais ilegal/inconstitucional possível contra os mineiros e depois denunciando-os – nas próprias palavras de Margaret Thatcher – como "*o inimigo interno*".

Essa não é uma "aberração pessoal", tampouco uma "interferência excessiva na sociedade civil", como as tradicionais teorias democratas liberais do Estado argumentam. O que importa aqui é a *continuidade objetiva* perversa entre estar acima da lei, graças à posição estruturalmente segura do Estado, e sua capacidade de decretar "estados de emergência" – incluindo até mesmo os modos mais autoritários de ação – em nome da "defesa da democracia". A única maneira de tornar esse tipo de desenvolvimento inteligível de modo geral é sublinhar a indissociabilidade estruturalmente determinada da lei do mais forte e da ilegalidade do Estado afirmando-a em nome do estado de direito, por incrível que pareça. O mesmo vale para a estrada escorregadia que parte da alegação de "defesa da democracia", avançando, em seguida, para a decretação dos "estados de emergência", chegando, por fim, à imposição recorrente de formas ditatoriais de governo, como *organicamente* ligados um ao outro. Transformações desse tipo só se tornam compreensíveis sobre o mesmo fundamento em que se encontra a indissociabilidade estruturalmente determinada da lei do mais forte e da ilegalidade do Estado como privilégio autolegitimatório do Estado. É por isso que só podemos ignorar por nossa conta e risco a prevalência da ilegalidade do Estado – muitas vezes até mesmo constitucionalmente santificada em teorias do Estado enquanto tais – como a realidade autoritária do Estado, independentemente de quão violenta ou não for a forma em que ela se manifesta sob as circunstâncias históricas em mudança.

No entanto, é uma consideração igualmente importante a esse respeito que, mesmo quando a ilegalidade do Estado assume uma forma mais violenta e catastroficamente destrutiva, a contradição manifesta nele não poderia ser explicada simplesmente com referência *apenas ao Estado*. O Estado pode muito bem ser o executor de tal violência, ir tão longe quanto uma *guerra global* massivamente destrutiva, mas ele não pode ser identificado como a causa mais profunda de tais eventos *em e por si mesmo*.

Em nossas sociedades, a base causalmente determinante da violência é a ordem sociometabólica do *próprio sistema do capital*. O Estado, com certeza, é *parte integrante* desse sistema como um modo de controle sociometabólico, e funciona como o agente ativo tanto da *lei do Estado* como da *ilegalidade do Estado* a serviço da manutenção geral da ordem sociometabólica estabelecida. A responsabilidade do Estado pela promoção e pelo cumprimento dos *imperativos objetivos* do sistema do capital é *colossal*, mas de modo algum *exclusiva*. Essa qualificação é necessária não para isentar o Estado de sua responsabilidade, mas, ao contrário, justamente para possibilitar uma *crítica* genuína e historicamente sustentável do Estado. Pois sem *desenredar* tantas coisas nesse terreno é impossível definir as linhas estratégicas *do que deve ser feito*, bem como *do que pode ser feito* em termos *da realidade do Estado* como parte integrante do sistema do capital.

5
ETERNIZANDO PRESSUPOSTOS DA
TEORIA DO ESTADO LIBERAL

O que precisa ser *desenredado* não é simplesmente uma questão de destacar algumas distorções teóricas características e suas motivações subjacentes. É muito mais difícil do que isso, porque requer um *desenredar prático* através de uma mudança radical da sociedade. Pois as representações teóricas reveladoras dessas questões vitais da vida social nos anais da teoria e filosofia social estão, de fato, firmemente enraizadas nas próprias realidades sociais. As teorias em questão articulam os interesses e valores sociais subjacentes, de acordo com o ponto de vista da *ordem dominante* adotada por seus autores ideologicamente motivados até mesmo em suas críticas parciais ao que eles consideram corrigível na ordem dada. Assim, a necessidade de *desenredar*-se no interesse da transformação historicamente sustentável e as dificuldades estruturalmente arraigadas encontradas na tentativa de fazer isso indicam claramente a *inserção prática* dos próprios problemas na medida em que foram surgindo historicamente, sendo fortalecidos e até mesmo incrustando-se, pela força da inércia social.

Neste ponto de nosso empenho pelo assunto, podemos fazer apenas uma breve referência àquilo que exige, em relação a essas questões espinhosas, uma análise crítica mais completa no momento oportuno. Pois há toda uma gama de problemas a serem enfrentados, os quais não só *permaneceram*, mas também *tiveram* de permanecer enredados em teorias burguesas do Estado, até mesmo na maior delas. Para citar alguns, é suficiente pensar sobre a relação entre o direito e o Estado, o direito e a lei, o Estado e a lei, o direito e o poder, e muitas vezes seu corolário misticamente camuflado, o poder afirmado como direito, em um nível, e, no outro, as afirmações espúrias de autoevidência nas classificações, legislações e codificações defendidas.

Além disso, as mudanças históricas objetivas que resultam em transformações teóricas contrastantes devem ser sempre levadas em consideração. Pois o que é uma grande conquista teórica em seu próprio tempo nas concepções de Hobbes e Hegel, por exemplo, e em relação às suas limitações também passa a ser compreensível – embora de forma alguma justificável como uma solução permanente para os problemas em jogo tão frequentemente reivindicados por seus autores –, torna-se extremamente problemático numa fase posterior. Isso torna-se mais problemático porque, num estágio posterior significativamente modificado, alguns antagonismos estruturais recém-articulados na realidade histórica em si apresentam seus portadores na forma de sujeitos sociais de autoafirmação e, assim, prenunciam a probabilidade – ou pelo menos a viabilidade prática – de uma solução qualitativamente diferente. Isso inclui, em algum momento no tempo, como diretamente relevante para nós, a alternativa hegemônica à ordem sociometabólica do capital incorporada na força histórica do trabalho.

Nesse sentido, compreensivelmente, a contradição habitualmente oculta ou apologeticamente racionalizada entre o direito e a lei, ou o Estado realmente existente e sua reivindicada aplicação do direito, ou mesmo a relação necessária entre o poder e o direito, não poderiam representar qualquer problema para Thomas Hobbes sob suas condições de desenvolvimento histórico. Mas é claro que o mesmo tipo de isenção histórica não poderia se aplicar a Hegel que, numa fase muito posterior, não podia deixar de enfrentar os conflitos proibitivamente difíceis nas raízes dessas questões. E ele fez isso com a máxima integridade, não importa quão problemática tenha se tornado a postura por ele adotada, tendo em vista as próprias relações de classe em mudança. Ele as teorizou sem fugir da realidade desafiadora dos novos antagonismos históricos, na medida em que ele podia percebê-los do ponto de vista que permanecesse em sintonia com seu próprio horizonte de classe.

Assim, em seu grandioso esquema de coisas, Hegel produziu – sob a forma de um *canto do cisne não intencional* – a última grande filosofia burguesa do Estado. Ele fez isso ao descrever o "Estado ético", defendido como a superação racionalmente realizada da "sociedade civil" capitalista (embora não apenas reconhecendo suas contradições à sua

Eternizando pressupostos da teoria do Estado liberal 63

própria maneira, mas também *preservando-as*), como parte integrante, e até mesmo como clímax do desdobramento do processo histórico mundial[1]. Ele chamou esse processo de *Theodicaea:* "uma justificação dos caminhos de Deus"[2]. Dessa forma, Hegel projetou a realização histórica completamente adequada do Estado enquanto tal como "perfeita encarnação do Espírito"[3].

EM GRANDE PARTE no mesmo período histórico da conclusão da filosofia do Estado e do direito de Hegel, o contraste com a visão hegeliana não poderia ser maior na concepção de um teórico utilitarista do direito considerado estranho, mas em seu próprio campo de estudo certamente sumamente notável, o inglês John Austin.

No seu caso, muito – demasiado – foi considerado como inquestionavelmente autoevidente no terreno das relações políticas supostas como totalmente legítimas, em sua visão a ser simplesmente classificado pela jurisprudência e, portanto, sem necessidade nenhuma de uma análise mais aprofundada e, Deus me livre, de explicação crítica. Nesse sentido, Austin pôde relegar convenientemente algumas das dificuldades teóricas mais espinhosas e contradições políticas da teoria legal ao domínio das considerações linguísticas, "explicadas" pelo próprio Austin como meras "ambiguidades" e "confusões". Por isso, não é surpreendente que Austin tenha sido calorosamente reconhecido como um dos mais ilustres antecessores de uma abordagem característica para os problemas da jurisprudência no século XX, favorecido por alguns dos principais filósofos analíticos/linguísticos, como o professor H. L. A. Hart, de Oxford. Nesse espírito, no que diz respeito às questões do direito e da lei, conforme discutido na filosofia do direito na época

---

[1] Nada poderia ser mais do tipo *Sollen* do que isso, embora Hegel tenha se oposto asperamente ao "dever-ser" kantiano, assim como ele censurou Kant por usar seu "saco das faculdades" (expressão depreciativa de Hegel) para encontrar soluções nele quando precisava delas. Hegel fez isso inclusive nas ocasiões em que cometeu o mesmo pecado, como, por exemplo, quando descartou as demandas por *igualdade* como "*a loucura do entendimento*", em sintonia com o seu próprio "saco das faculdades", contrastando a "faculdade maior da razão" com a faculdade menor do entendimento. Ver a discussão de Hegel sobre igualdade, natureza e "dever-ser", em *The Philosophy of Right*, cit., p. 130.

[2] Ibidem, p. 15.

[3] Ibidem, p. 17.

64 *A montanha que devemos conquistar*

de Austin sob o termo alemão *"Recht"*, esse pensador inglês liberal/ utilitarista insistiu que:

> Uma vez que as mentes mais fortes e mais cautelosas são muitas vezes enlaçadas por palavras ambíguas, sua confusão desses objetos diferentes é um erro perdoável. No entanto, alguns desses escritores alemães são culpados de uma ofensa grave contra o bom senso e o bom gosto. Eles aumentam a bagunça que essa confusão produz com uma má aplicação de termos emprestados da filosofia de Kant. Eles dividem *"Recht"*, enquanto formação do gênero ou espécie, em *"Recht* no sentido objetivo" e *"Recht* no sentido subjetivo", designando a "lei" com a primeira dessas frases inadequadas.[4]

Austin alegou, ao mesmo tempo, agindo firmemente em causa própria, que: "A confusão de 'lei' e 'direito' é evitada por nossos próprios autores"[5], embora, contradizendo-se diretamente, ele teve que ceder em uma nota manuscrita em conexão com o mesmo juízo de que "Hale e Blackstone são *enganados* por esse duplo significado da palavra *jus*. Eles traduzem *jus personarum et rerum*, os 'direitos das pessoas e das coisas', o que é mero jargão"[6].

Naturalmente, Austin só poderia mesmo insultar aqueles que se ocuparam com os problemas do "direito-como-poder" [*right-is-might*] ou da "lei do mais forte" [*might-as-right*], descartando-os como "zombeteiros e palhaços superficiais", cujas ideias são "ou um raso truísmo afetada e obscuramente expresso ou completamente falsas e absurdas"[7]. Palavras fortes de um teórico do direito que reivindica para a sua própria posição nada menos que as virtudes da objetividade analítica estrita e precisão linguística máxima, orientada pela busca rigorosa da perfeição lógica e do modelo positivamente louvável e consciente para se proteger contra a intrusão de potenciais distorções valorativas. Em outras palavras, todo o arsenal do estabelecimento da automitologia "livre de ideologia".

Austin, como teórico e filósofo do direito de cunho liberal e utilitarista, diferenciou-se em grande medida de seu antecessor mais ilustre, Jeremy Bentham. Essa diferença não se manifestou numa abordagem

---

[4] John Austin, *The Province of Jurisprudence Determined* (1832) (Londres, Weidenfeld and Nicholson, 1965), p. 287-8.

[5] Ibidem, p. 288.

[6] Idem.

[7] Ibidem, p. 285.

Eternizando pressupostos da teoria do Estado liberal 65

mais esclarecida dos conflitos sociais que estavam eclodindo e das tentativas de reformas parlamentares inglesas em conexão com eles. Pelo contrário. Embora reconhecendo que "a *idade inovadora* diante de nós" está igualmente associada a "*interesses sinistros*"[8] e, consequentemente, clamou por medidas legislativas apropriadas, após 1832 – que não foi apenas o ano da reforma, mas também o ano da morte de Jeremy Bentham – Austin rejeitou firmemente a extensão do direito de voto promovido por seu vizinho Bentham. Na verdade, ele atribuiu o radicalismo político de Bentham ao que ele considerava a completa ignorância do verdadeiro caráter das classes mais baixas por seu grande antecessor utilitarista, cujas ideias filosóficas principais ele mesmo abraçou.

Mas esses problemas não se limitam às reivindicações questionáveis e à posição política mais ou menos progressista de determinados teóricos do direito em uma fase determinada do desenvolvimento histórico. Sem dúvida, Bentham trabalhou com muito mais simpatia para o avanço relativo dos socialmente desfavorecidos do que Austin. Mas isso não foi o suficiente para lhe permitir superar as principais limitações de sua posição utilitária/liberal comum. Também Bentham operava com o arsenal conceitual político de *grandes suposições* sobre a natureza da ordem social *estabelecida*, a qual ele queria melhorar sem alterar em nada o seu arcabouço estrutural fundamental. Como exemplo, podemos recordar sua caracterização do direito constitucional. É assim que se lê:

> O ramo constitucional [do corpo da lei] é principalmente empregado para conferir, em determinadas classes de pessoas, os *poderes,* a serem exercidos para o *bem de toda a sociedade,* ou de partes consideráveis da mesma, e

---

[8] Ibidem, p. 390. É muito duvidoso que Austin, menos progressista, tivesse a mesma preocupação que Jeremy Bentham, criador do termo, com o "interesse sinistro" quando falou sobre isso no plural. Pois Bentham o usou em 1822 na condenação contundente de Alexander Wedderburn que, além de seus privilégios sociais múltiplos, também foi recompensado com a soma astronômica de £ 15 mil por ano, como procurador-geral e, mais do que isso, ele recebeu mais tarde a remuneração anual de £ 25 mil como ministro da Justiça [*Lord Chancellor*], com o poder de veto sobre toda a justiça em última instância. Ver Jeremy Bentham, *An Introduction to the Principles of Morality and Legislation* (Londres, Athlone, 1970), p. 15. (Esse trabalho fundamental foi impresso originalmente em 1780, alterado em 1789 e complementado pelo autor com "a maior felicidade ou o maior princípio de felicidade" em 1822.)

66 A montanha que devemos conquistar

para prescrever *deveres* às pessoas dotadas de tais poderes. Os poderes são principalmente constituídos, em primeira instância, por leis não coercivas ou permissivas, operando como exceções a certas leis de natureza coercitiva ou imperativa. [...] Os deveres são criados por leis imperativas, dirigidas às pessoas a quem os poderes são conferidos.[9]

A palavra "classes" aparece nesse texto, mas simplesmente como termo de designação geral para indivíduos determinados (como "um cobrador de impostos" ou "um juiz" poucas linhas depois), sem qualquer indicação da verdadeira natureza da *sociedade de classes*. Ao mesmo tempo, o enorme pressuposto de Bentham atribui a razão da própria constitucionalidade em si à ficção tradicional de sua dedicação ao "*bem de toda a sociedade*", como acabamos de ver. Além disso, a modalidade realmente predominante de distribuição de *poderes* e *deveres* é também ficcionada por Bentham, pela mesma razão, e como resultado da eliminação de suas reais *determinações de classe*. Pois na realidade, os poderes e deveres são *mais iniquamente* distribuídos na ordem socioeconômica, e não apenas na ordem político/constitucional, estabelecida.

Naturalmente, em tais concepções que *idealizam* a constitucionalidade, não pode haver espaço para o menor indício do fato de que a maioria das constituições emerge *inconstitucionalmente* no curso da história real, em comparação com as diferentes constituições do passado, com suas reivindicações outrora igualmente idealizadas. E, claro, essas mudanças são estabelecidas através de reviravoltas mais ou menos violentas das *relações de poder* anteriormente dominantes. Considerações históricas quanto à gênese e transformação são inexistentes nesse tipo de concepção liberal/utilitarista. Não é de surpreender, portanto, que os difíceis problemas do direito internacional e do direito universal recebam um tratamento bastante vazio, com referências genéricas à grande variedade de nações e línguas[10], enquanto as definições legais estabelecidas são tidas como certas e se sustenta que: "O que permanece são as transações mútuas entre *soberanos* como tais, pois o assunto desse ramo da jurisprudência pode ser adequadamente e exclusivamente denominado internacional"[11].

---

[9] Ibidem, p. 307. Os grifos em "poderes" e "deveres" são de Bentham.

[10] Ibidem, p. 294-5.

[11] Ibidem, p. 296.

O mesmo vale para a visão de John Austin sobre o assunto. É relevante citar aqui a aceitação parcial por parte de Austin da abordagem de seu antecessor utilitarista. Esta é a forma como ele comenta a posição de Bentham sobre a lei universal:

> Na opinião do sr. Bentham, ela deve ser confinada dentro de limites muito estreitos. Isso é verdade, se ele pretendia uma jurisprudência universal expositiva, jurisprudência expositiva daquilo que *prevalece* universalmente como lei. Apesar de assumir que os sistemas de todas as nações, no todo ou em parte, se assemelhavam exatamente uns aos outros (ou seja, que todas ou muitas das disposições que podem ser encontradas nos vários sistemas eram exatamente iguais), ainda não podíamos falar delas com propriedade como constituindo uma lei universal: a sanção sendo aplicada *pelo governo de cada comunidade*, e não por um superior comum a toda a humanidade. E isso situa o direito internacional na esfera da moral em vez de na esfera da lei.[12]

Ao mesmo tempo, Austin idealiza "comunidades refinadas" e seus "sistemas de lei amadurecidos"[13] correspondendo, claro, principalmente ao seu próprio. Ele acrescenta a isso, no mesmo espírito, que

> são apenas os sistemas de duas ou três nações que merecem atenção: os escritos dos juristas romanos; as decisões dos juízes ingleses nos tempos modernos; as disposições dos Códigos Franceses e Prussianos quanto à estruturação. [...] Se os princípios desdobrados merecem o nome de Universal ou não, não tem importância. A Jurisprudência pode ser universal quanto aos seus temas: não menos do que a legislação.[14]

Assim, o problema da universalidade legal é deixado em um estado vazio suspenso de animação, acompanhado apenas de uma indicação apologética de como ficar longe de sua realidade constrangedora pela aprovação de uma referência sumária às relações de poder internas e internacionais em vigor.

Quanto aos problemas da "soberania e sujeição", Austin oferece a mesma concepção, totalmente fictícia, atomista/individualista das relações estabelecidas de dominação e governo em ambos os lados da divisão social, econômica e política. Nesse sentido, somos informados que:

---

[12] John Austin, *The Province of Jurisprudence Determined*, cit., p. 366-7; grifos de Austin.

[13] Ibidem, p. 269.

[14] Ibidem, p. 273.

68 A montanha que devemos conquistar

Se um *determinado* ser humano superior, que *não* tem um hábito de obediência a outro superior, recebe obediência habitual da *maior parte* de uma
dada sociedade, esse superior bem determinado é soberano nessa sociedade,
e a sociedade (incluindo o superior) é uma sociedade política e independente. [...] Dessa determinada pessoa ou desse determinado grupo de pessoas
os demais membros da sociedade são *dependentes*: os outros membros da
sociedade *estão sujeitos* ou àquela pessoa ou a determinado grupo de pessoas.
[...] A fim de que uma dada sociedade possa formar uma sociedade política,
a generalidade ou a maior parte de seus membros deve ter um *hábito* de
obediência a um determinado e comum superior.[15]

Quando Rousseau e outros nesse espírito falam da soberania como
pertencente ao povo, essa visão tem um significado profundo, apontando
na direção da compreensão adequada do próprio problema subjacente,
com implicações de grande alcance para o futuro da tomada de decisão
historicamente sustentável da sociedade. Por outro lado, o tipo de abordagem liberal/utilitarista de Austin, com sua postura atomista/individualista,
só pode produzir ofuscamento até mesmo em seus próprios termos de
referência. Pois o próprio postulado pseudoexplicativo do "hábito" dos
indivíduos, de um lado, e a alegada "ausência do hábito de obediência",
no lado dominante, precisa de alguma explicação, a fim de adquirir qualquer significado e credibilidade. Uma vez que, porém, as determinações
e os antagonismos de classe historicamente condicionados e mutáveis
são exilados do discurso legal e político, ou travestidos como motivações
individuais e atos e hábitos individualmente recompensáveis ou puníveis
de "pessoas" ou "massas e grupos de pessoas", tanto o processo de legislação e seu quadro estruturalmente condicionado se tornam um completo
mistério, confundindo as questões debatidas em vez de esclarecê-las, como
reivindicam para seu "rigor analítico" os herdeiros de Austin do século XX.

Na mesma linha de confundir determinações individuais e de classe,
no interesse de idealizar seu princípio de "felicidade" utilitarista e individualmente agradável como o postulado fundamental de uma ordem
política legítima, Bentham cria a ficção da estrutura estabelecida de
governo. Ele escreve: "O negócio do governo é a *felicidade da sociedade*,
pela punição e recompensa. [...] Já vimos no que consiste a felicidade:
o gozo dos prazeres, a segurança contra as dores"[16].

---

[15] Ibidem, p. 194-5; grifos de Austin.

[16] Jeremy Bentham, *An Introduction to the Principles of Morality and Legislation*, cit., p. 74.

Da mesma forma, quanto ao sentido em que se diz que a "materialidade" é relevante ("ou de importância", como acrescentado em nota de rodapé por Bentham) para a visão utilitarista da regulação da interação social – por lidar com os problemas de prazer e dor –, no que diz respeito às consequências do ato do indivíduo a ser recompensado ou punido, somos apresentados a este juízo:

> Ora, entre as consequências de um ato, sejam elas quais forem, pode ser dito por quem as vê na qualidade de *legislador* que são de natureza material somente aquelas que consistem de dor ou prazer ou aquelas que têm influência na produção de dor ou prazer.[17]

Ao adotar essa linha de raciocínio, massivamente carregada com pressupostos não mencionados, não aprendemos absolutamente nada a respeito da constituição efetiva do próprio processo legislativo, incluindo o modo de atribuir as funções de regulação da sociedade ao "legislador", nem sobre a sumamente desigual distribuição estruturalmente determinada de "prazer e dor" na ordem social e econômica estabelecida. O "negócio do governo", definido como a produção da "felicidade da sociedade" pela punição ou recompensa dos indivíduos por meio da "materialidade de dor e prazer", só pode ser pura ilusão, justamente porque a realidade dos antagonismos de classe e das relações de poder correspondentes que determinam tanto a produção como a distribuição da *materialidade real* entre as classes sociais é totalmente ofuscada. Essa ofuscação é realizada pelos termos individualistas de referência falsamente aceitos tanto pelos legisladores quanto pelas "pessoas individuais" que devem ser ficticiamente "recompensadas ou punidas", graças ao "negócio do governo" idealizado.

O mesmo tipo de orientação individualista e pressuposto correspondente, em detrimento da dimensão abrangente dos problemas determinada pela classe – sem a qual, todavia, não se pode tornar inteligível nenhuma teoria do Estado –, corrompe a filosofia utilitarista liberal em geral. Podemos ver isso graficamente exemplificado quando Bentham afirma que: "A *comunidade* é um *corpo fictício*, composto de *pessoas individuais* que são consideradas como constituindo-a como se fossem seus *membros*. O interesse da comunidade é, então, o quê?

---

[17] Idem.

70 A montanha que devemos conquistar

A *soma* dos interesses dos diversos membros que a compõem"[18]. Aqui, mais uma vez nos é oferecida uma grande suposição e distorção, agravada pela sua postura fetichista e afirmação de quantificação mecânica. Pois não estão visíveis as considerações *qualitativas* vitais necessárias para a compreensão da relação entre os indivíduos e suas comunidades – e para tornar significativa a proposição filosoficamente válida segundo a qual "o todo é maior que suas partes", precisamente por razões qualitativas.

Os PRINCÍPIOS utilitaristas de Bentham e suas variantes mais ou menos modificadas exerceram uma influência duradoura sobre o desenvolvimento da teoria política liberal, especialmente no mundo anglo-saxão. No presente contexto não podemos nos preocupar com os seus detalhes. De grande importância, no entanto, é o predomínio dos pressupostos apologéticos do Estado não questionados – e, segundo a própria teoria liberal/utilitarista, inquestionáveis –, juntamente com a sua justificação presumida. Para citar Bentham novamente, desta vez sobre a validade autoevidente do postulado do princípio moral e político utilitarista fundamental, ele pergunta e responde sua própria pergunta sobre esse princípio da seguinte forma: "Isso é passível de alguma prova? Parece que não: pois não se pode provar aquilo que é usado para provar tudo o mais: uma cadeia de provas deve ter seu início em algum lugar. Dar essa prova é tão impossível quanto é desnecessário"[19].

Se for verdade que "a cadeia de provas deve ter seu início em algum lugar", ainda permanece a questão: mas *onde?* Pois, se a função do início supostamente válido da cadeia é para evitar questionamentos inconvenientes – por serem incompatíveis com a teoria dada –, isso está muito longe de ser justificável.

Aqui nos deparamos com um problema muito sério que rege "fora de ordem" a grande tarefa mencionada anteriormente do desenredamento teórico e prático, sem o qual é impossível compreender a verdadeira natureza do Estado, para não mencionar os problemas de sua tão necessária transformação. No entanto, a tendência característica da teoria liberal/ utilitarista (e, claro, de forma alguma só dela) é a utilização de seus múltiplos pressupostos para *excluir* a legitimidade de questionamento ainda

---

[18] Ibidem, p. 12.
[19] Ibidem, p. 13.

mais fundamental, admitindo apenas a aceitabilidade de amenizar alguns detalhes das determinações estruturais gerais da ordem estabelecida, e em tempos de grandes crises nem mesmo isso. O "início da cadeia" assume, assim, o papel de constituir a *barricada* evidentemente legítima na defesa e na justificação dessa ordem. É assim que a viabilidade teórica e a viabilidade prática de questionar o *Estado como tal* são condenadas como *tabus absolutos*, porque a realidade estabelecida do Estado encontra-se, e deve permanecer, por definição, além do proclamado "início da cadeia".

Na verdade, a real questão não é qual ponto particular deve ser designado como o "primeiro membro da cadeia" – seu "início". Essa maneira de abordar o assunto só pode ser considerada como uma arbitrariedade falaciosamente/circularmente pretensiosa. O tema adequado em relação ao qual a "suscetibilidade da prova" negada por Bentham deve ser decidida diz respeito à natureza da própria cadeia, sua *exclusão* em causa própria ou, em completo contraste, seu caráter crítico/interrogativamente *inclusivo*. Se, portanto, nas questões vitais do Estado com suas contradições antagônicas, a configuração atualmente estabelecida dos "membros da cadeia" é o que está impedindo a investigação crítica necessária, como ocorre na assumida teoria liberal /utilitarista da política, é preciso *sair* da própria cadeia, em vez de aceitar seus *pressupostos,* declarando-os como constituintes do "início necessário da cadeia". Pois, *dentro* do quadro estrutural estabelecido das assumidas formações estatais liberais, apenas as características *operacionais* e *processuais* estão abertas para exame, conforme ditado, por definição, em nome do "início da cadeia", mas não a viabilidade e sustentabilidade histórica do *Estado em si*.

Em conclusão a este capítulo, também deve-se ressaltar que as mesmas considerações se aplicam a *qualquer* Estado e de modo algum apenas ao Estado democrático liberal. Nenhuma formação de Estado concebível pode assumir-se como permanentemente dada e eternamente sustentável em virtude dos vínculos que escolheu com a cadeia.

6
O CANTO DO CISNE NÃO INTENCIONAL DE HEGEL E O ESTADO-NAÇÃO

A CONCEPÇÃO HEGELIANA da filosofia política aborda as questões substantivas do Estado como tal, e não apenas sua estrutura operacional. Essa é, sem dúvida, uma base comparativa válida para a avaliação de suas realizações. No entanto, sublinhar essa diferença vital não pode significar que só por isso se deva considerar a filosofia do Estado e do direito de Hegel como representante da soma final dos complexos problemas do domínio político, como reivindicado também pelo próprio grande filósofo alemão. No entanto, ao comparar os méritos relativos das abordagens concorrentes, deve-se enfatizar que, em contraste com a filosofia liberal/utilitarista ou democrática liberal, Hegel examina *o próprio Estado* como uma realidade histórica substantiva, sem qualquer tentativa de esconder a "sociedade civil" antagônica sobre a qual ele é erigido como seu elemento constitutivo e base material indefinidamente contínua. A teoria liberal/utilitarista, bem como várias outras teorias políticas pós-hegelianas, tende a satisfazer-se em tratar até mesmo os problemas mais graves do domínio político dentro dos limites operacionais inquestionáveis da formação de Estado dada, explícita ou implicitamente excluindo – como uma questão de admissibilidade evidentemente adequada ou não a um discurso teórico válido sobre o processo legislativo em si – os problemas tanto da origem quanto da sustentabilidade histórica da realidade do Estado existente como tal.

Sob as circunstâncias dramáticas da época de Hegel, a partir das Revoluções Americana e Francesa, bem como das guerras napoleônicas, até a emergência da militância proletária, num primeiro momento embrionária, e sua contínua expansão, os problemas desafiadores do Estado

74 *A montanha que devemos conquistar*

assumem uma intensidade cada vez maior. De fato, o Estado moderno do sistema do capital afirma um papel cada vez maior no controle global do processo de reprodução social no decurso dos desenvolvimentos históricos posteriores. A nova etapa histórica refletida na filosofia política de Hegel sintetiza, de uma forma muito paradoxal, tanto um *fim* quanto um *início* em relação às classes sociais *em conflito* da época. O *fim* em questão é a superação histórica das relações de classe *feudais* nas tempestades revolucionárias do final do século XVIII, seguido com interesse ardente e compreensão (palavras dele) pelo próprio Hegel. O *início*, no entanto, representa um assunto muito mais complicado para ele, na medida em que marca o aparecimento das classes trabalhadoras no cenário histórico. Não surpreendente, portanto, que encontramos uma compreensão incomparavelmente mais sustentável do *fim* – o *encerramento histórico* verdadeiramente irreversível da ordem feudal, manifesto no colapso do Antigo Regime saudado por Hegel – do que das forças emergentes do novo *início* histórico.

Não obstante, Hegel tenta sintetizar ambos em sua concepção da relação entre a sua "sociedade civil" e o "Estado ético". A realização de tal síntese representa sua grandeza filosófica nesse campo. Ao mesmo tempo, a maneira pela qual ele a realiza, ao *subsumir* o novo começo sob a aclamada estrutura geral permanente do Estado idealizado – que, em sua opinião, está destinado a reconciliar as contradições da sociedade civil –, marca as limitações históricas de sua abordagem. Pois o grandioso e involuntário canto do cisne de Hegel oferece uma conceituação dos dois na forma de englobar as forças do começo radicalmente novo sob o domínio do *encerramento histórico* inalterável em sua filosofia do Estado e do direito. Isso é feito porque fornece a única maneira pela qual a síntese original hegeliana da sociedade civil antagônica e do Estado ético solucionador de antagonismos pode oferecer uma perspectiva compatível com seu próprio horizonte de classe.

Significativamente, com a ajuda de um poderoso imaginário poético, Hegel racionaliza de forma categoricamente autojustificadora – como a única postura filosófica viável em geral – a adoção da perspectiva do próprio encerramento histórico quando escreve, no penúltimo parágrafo do prefácio à sua *Filosofia do direito*, sobre a paradigmática "coruja de Minerva":

> de toda maneira, a filosofia chega sempre tarde demais. Enquanto *pensamento* do mundo, ela somente aparece no tempo depois que a efetividade *completou*

seu processo de formação e se concluiu. Aquilo que ensina o conceito mostra necessariamente do mesmo modo a história, de que somente na maturidade da efetividade aparece o ideal frente ao real e edifica para si esse mesmo mundo, apreendido em sua substância na figura de um reino intelectual. Quando a filosofia pinta seu cinza sobre cinza, então uma figura da vida se tornou velha e, com cinza sobre cinza, ela não pode se deixa *rejuvenescer,* porém apenas *conhecer.* A coruja de Minerva somente começa seu voo com a irrupção do crepúsculo.[1]

Em relação a isso, o problema não é apenas que as forças sociais emergentes do novo começo, evidentemente, não podem estar lá sob as novas circunstâncias "depois que a efetividade *completou seu processo de formação e se concluiu*". Essa é a consideração secundária a esse respeito, porque requer conflitos históricos e confrontos sociais muito complicados, com avanços e retrocessos que as condições permitam, antes que o sujeito social que assume o papel de ser o portador do "novo começo" possa atingir a sua plena maturidade com a finalidade de realizar a sua potencialidade histórica e correspondente mandato. E isso pode levar muito tempo, de fato. Mas está longe de ser legítimo excluir o "rejuvenescimento", em uma base *a priori* em causa própria, em favor de um "*entendimento*" resignante.

A verdadeira questão em jogo aqui é muito mais importante do que a maturidade (ou não) de uma força social, a ponto de "completar seu processo", de modo a tornar-se visível a partir da perspectiva da coruja de Minerva. Pois, além das diferenças históricas relativas na determinação da embrionária militância da classe operária, já no tempo do jovem Hegel – evidenciadas na grande agitação das próprias explosões revolucionárias, incluindo tentativas como a formação de forças organizacionais que tentam afirmar-se como, por exemplo, a "*sociedade de iguais*" de Babeuf (e sendo brutalmente reprimidas por isso) –, há também uma dimensão *absoluta – qualitativamente nova –* desse complexo de problemas. Ela consiste na *total impossibilidade* de emancipar as forças da *alternativa hegemônica do capital: o trabalho –* cujos membros constituem, em números absolutos, de longe, a esmagadora maioria da sociedade – na forma tradicional, que sempre resultou em novas forças emergentes, impondo-se como exploradores sociais privilegiados sobre o resto da sociedade no

---

[1] G. W. F. Hegel, *The Philosophy of Right,* cit., p. 12-3 [ed. bras.: p. 44].

76 *A montanha que devemos conquistar*

passado. Não há número suficiente de pessoas no resto da sociedade para tornar isso possível. Em outras palavras, a *novidade absoluta e radical* da agitação revolucionária já na época de Hegel, que nunca foi concebível no passado, definiu-se nisto: que a *exploração de classe em si* deve ser relegada para sempre ao passado histórico, afirmando de forma contrastante a elementar exigência do novo começo. E a "coruja de Minerva" não poderia oferecer nenhuma ajuda para isso. Pois a *singularidade qualitativa* da época dessas grandes revoluções foi a de transformar em anacronismo histórico irreversível a solução tradicional dos problemas urgentes, através da "*mudança de pessoal*" habitual de uma classe de exploradores para outra. Tal novidade radical na história não podia ser conceitualizada mediante a adoção da perspectiva do *encerramento histórico* em nome da coruja de Minerva. Pelo contrário, também uma visão historicamente sustentável do *presente e do futuro* tinha de ser uma parte integrante de tal mudança de perspectiva que despontava historicamente.

MAS ENTÃO, se levarmos a sério as determinações objetivas das mudanças históricas decorrentes, juntamente com suas implicações fundamentais para a grande causa da emancipação humana em termos dos imperativos qualitativamente diferentes do "novo começo", nesse caso, também a questão da teoria do Estado deve ser profundamente afetada pela necessária mudança de perspectiva. Pois a concepção da *sociedade sem classes* como a real condição da emancipação humana abrangente é *totalmente incompatível* com a existência do Estado – de *qualquer Estado* – como *órgão independente* da tomada de decisão política global no processo de reprodução social. É por isso que a abordagem marxiana dos mesmos problemas inextricavelmente teve que ligar a modalidade radicalmente nova de controle sociometabólico *comunal* – sob a gestão *planejada* de suas condições de vida pelos produtores livremente associados, guiados pelo princípio orientador vital da *igualdade substantiva* – à determinação igualmente necessária em destaque sob o nome de fenecimento do Estado. Pois era *inconcebível* ter em vista a necessária transformação radical emancipatória não desta ou daquela classe social em particular, mas de *toda a humanidade* – e a novidade qualitativa que se desdobrou historicamente no grande período revolucionário foi precisamente a *indissociabilidade* dos dois – sem a superação do *Estado como tal*. Não apenas sua "derrubada", como muitas vezes projetada em vão, porque tudo o que pode ser derrubado também pode ser restaurado, e com

O canto do cisne não intencional de Hegel e o Estado-nação 77

demasiada frequência tem sido, mas seu *fenecimento* completo e irreversível remessa ao passado histórico.

A grandeza de Hegel na área de dimensionamento dos enormes problemas do Estado manifestou-se em seu esquema monumental de coisas ao proclamar a relação orgânica entre a sociedade civil existente e o Estado ético projetado. Dessa forma, Hegel pôde divisar, em face dos antagonismos sociais que *ele teve de admitir e o fez,* a solução apresentada na forma de sua representação sistêmica da *realização contraditória* do *encerramento histórico* que por si só colocou sob pontos de interrogação a viabilidade da *ordem* – por muito tempo dominante – *da classe exploradora* da sociedade. E, nesse sentido, Hegel conceituou uma linha crucial objetiva de *demarcação histórica* que dramaticamente definiu em sua originalidade a virada do século XVIII para o XIX.

No entanto, o encerramento histórico, objetivamente marcando o fim da ordem da classe exploradora em geral, não poderia "realizar-se" (uma das categorias explicativas utilizadas frequentemente de Hegel) *por si só.* Ele também estava gestando os imperativos objetivos de uma ordem qualitativamente diferente, assumindo a forma de um desconhecido desafio radical na história passada, e representando, também, as condições objetivas e subjetivas vitais de uma superação efetiva da ordem da classe exploradora como tal. Assim, *passado, presente e futuro* foram inseparavelmente combinados no novo desafio histórico que se desdobrava. A era revolucionária qualitativa e radicalmente nova, colocando na agenda histórica, como condição necessária da emancipação do trabalho, a combinação inseparável desse imperativo com a emancipação de toda a humanidade, *já estava lá* na época de Hegel. De fato, isso representou *o maior desafio jamais visto* na história de toda a humanidade. Com certeza, as forças envolvidas na promoção da mudança não poderiam estar lá *"depois que seu processo de formação se completou",* como a coruja de Minerva exigiria. As forças históricas relevantes só começaram a embarcar em seu processo de formação através de um curso histórico de desenvolvimento – por sua própria natureza, necessariamente contestado, profundamente antagônico. Mas o próprio *desafio* era – e continua a ser por todo o caminho até nosso próprio tempo – absolutamente irreprimível, destinado a decidir se a humanidade deve sobreviver ou perecer.

Diante disso, Hegel conscientemente adotou a perspectiva do *passado* de modo a transformar o *presente* que se desdobrava, em nome de sua definição do cumprimento absoluto da reconciliação autorrealizada do

78 A montanha que devemos conquistar

Espírito do Mundo como eterno presente "desde o início"[2], e transformou as três dimensões da própria temporalidade em um *encerramento histórico* permanente. Além disso, ele também *justificou* o presente eternizado do ponto de vista nostálgico da *coruja de Minerva*, projetada como a encarnação paradigmática do fechamento histórico. Ele o fez dessa maneira porque, procedendo assim, proveu para si a única maneira de conciliar, em sintonia com os seus próprios interesses de classe, a condenação vigorosa dos privilégios de exploração do passado (especialmente destacados nos seus primeiros escritos[3]), com a variedade transfigurada de dominação de classe em geral santificada pela sua *Theodicaea*. E ele concebeu esta última como a proclamada transcendência imaginária dos antagonismos da sociedade civil graças ao papel supremo do Estado idealizado, que se dizia encarnar nada menos que "*a imagem e a efetividade da razão*", como já vimos. É por isso que a grandiosa filosofia do direito de Hegel e seu projetado "Estado ético", como o cumprimento dos caminhos de Deus, só poderiam ser realizados em suas referências resignadas à coruja de Minerva como um canto do cisne não intencional.

Não obstante, no quadro de referência filosófico adotado do Estado e da lei, Hegel começou a explorar com maior consistência e rigor intelectual os requisitos necessários da operação da formação do Estado projetado em uma dada ordem mundial. Nesse sentido, ele caracterizou como a única realidade de Estado viável o Estado-nação, historicamente constituído no mundo, mas dali por diante não transcendível. E ele inclusive pensou nas mais perigosas implicações de tal formação do Estado – tanto *interna* como *externamente*, em relação às determinações da *soberania* e dos antagonismos sempre recorrentes das *relações interestatais* – para sua conclusão lógica. Assim, ele insistiu que:

---

[2] "O racional, o divino, possui o poder absoluto de consumar a si próprio e, *desde o início,* realizou a si próprio: ele não é tão impotente que teria que esperar pelo início de sua realização", G. W. F. Hegel, *The Philosophy of Mind* (Oxford, Claredon, 1971), p. 62.

[3] Ver a esse respeito o grandioso livro de Lukács, *The Young Hegel: Studies in the Relation between Dialectics and Economics* (Londres, Merlin, 1975), escrito em Moscou no fim de 1930, como uma refutação contundente da linha dogmática stalinista, que, virando a verdade de cabeça para baixo, condenou Hegel como "reação conservadora contra a Revolução Francesa". Foi publicado pela primeira vez em alemão em 1948, na Áustria, e em inglês em 1975. Na Áustria, foi publicado com a ajuda e contribuição ativa de Wilhelm Szilasi, que foi designado pelo próprio Husserl como o sucessor de sua cátedra na Universidade de Filosofia, e demitido posteriormente pelo nazista Heidegger.

O Estado-nação é o espírito em sua racionalidade substancial e em sua efetividade imediata, por isso *a força absoluta sobre a terra;* um Estado está consequentemente em face a outros na autonomia soberana. Ser enquanto tal *para outro,* isto é, *ser reconhecido por ele* é sua primeira legitimação absoluta.[4]

Mas é claro que dependia das *relações de poder* realmente predominantes qual Estado particular poderia afirmar com sucesso seu "direito de soberania" contra seus vizinhos mais fracos. Hegel não pregou ilusões idealistas sobre esse assunto. Pelo contrário, beirando o cinismo na racionalização e justificação de seus argumentos, abrangendo as implicações necessárias para guerras em grande escala entre os Estados-nação, ele proclamou que:

> Um Estado através de seus sujeitos tem conexões amplas e interesses multifacetados, e estes podem ser facilmente e consideravelmente lesionados; mas permanece inerentemente *indeterminável* qual dessas lesões deve ser considerada como uma violação específica do tratado ou como uma lesão à honra e autonomia do Estado. A razão para isso é que um Estado pode considerar que sua infinitude e honra estão em jogo em cada uma de suas preocupações, *por mínima que seja,* e estará tanto mais inclinado à suscetibilidade de lesão quanto mais a sua forte individualidade for impulsionada, como resultado de *longa paz interna,* para buscar e criar uma *esfera de atividade no exterior.*[5]

Em linguagem simples, isso significava que o motivo legítimo da guerra poderia ser arbitrariamente decidido *"por mínimo que seja"*, no interesse de combater os efeitos "indesejáveis" da "longa paz interna" através da criação de uma bem-sucedida "esfera de atividade no exterior". Exatamente como temos realmente experimentado nos últimos dois séculos. Na visão de Hegel, o Estado-nação era inseparável da necessidade de guerras peculiarmente legitimadas que só poderiam zombar do postulado da "paz perpétua" de Kant, dizendo que "a corrupção em nações seria o produto da paz prolongada, para não dizer da 'paz perpétua'"[6]. O direito internacional, com suas reivindicações universais inevitáveis, sempre foi o domínio mais fraco das teorias burguesas modernas da política e da moralidade[7]. Os imperativos objetivos da ordem sociometabólica

---

[4] G. W. F. Hegel, *The Philosophy of Right*, cit., p. 212 [ed. bras.: p. 301].

[5] Ibidem, p. 213.

[6] Ibidem, seção 324 [ed. bras.: idem].

[7] Ver, neste volume, a discussão de Bentham e Austin no cap. 5, "Eternizando pressupostos da teoria do Estado liberal".

80 *A montanha que devemos conquistar*

do capital afirmaram-se sem cerimônia, e suas teorizações justificativas pseudouniversais só podem ser gastas e fracas, mesmo no caso de um gigante intelectual como Hegel, como vimos.

Um período demasiado longo da história após a morte de Hegel – e, no mesmo ano de 1831, também a morte de seu contemporâneo, o ilustre militar prussiano general Karl Marie von Clausevitz, que notoriamente definiu a guerra como *a continuação da política por outros meios* – parece ter plenamente confirmado sua visão de que o Estado-nação é o *poder absoluto sobre a terra*, e, portanto, como um absoluto, pode afirmar sua soberania através da necessidade de suas guerras, não importa quão destrutivas sejam. Quarenta anos depois de Hegel e do general Von Clausevitz, o novo imperialismo com seus Estados-nação em disputa letal, entre eles destacada a Alemanha do prussiano Bismarck, apenas *começou* um período de confrontos militares cada vez mais intensos, trazendo a seu tempo as conflagrações anteriormente inconcebíveis de duas guerras mundiais com incontáveis milhões perecendo por meio de sua devastação[8].

Se Hegel estiver certo em seu julgamento sobre o Estado-nação constituir o poder absoluto historicamente insuperável na terra, haveria maneira de sair desse curso fatal de destrutividade que ainda hoje parece prevalecer em mais de um sentido, em diferentes partes do mundo? Se a resposta for não, o canto do cisne não intencional que Hegel nos deixou em sua filosofia do Estado teria de ser também o canto do cisne da própria humanidade.

É verdade, claro, que o Estado-nação domina a nossa vida em todos os lugares, apesar das projeções fantasiosas de uma "globalização" benevolente. Na verdade, o grave defeito histórico da ordem sociometabólica do capital, que representa um de seus limites absolutos estruturalmente

---

[8] Sobre os motivos sociais, econômicos, políticos e/ou militares profundamente interligados e relativos a esses desenvolvimentos, ver a obra seminal de Harry Magdoff, *The Age of Imperialism: The Economics of US Foreign Policy* (Nova York, Monthly Review, 1966). Ver também uma bela coleção de ensaios de autoria de Harry Magdoff em John Bellamy Foster (org.), *Imperialism without Colonies* (Nova York, Monthly Review, 2003), por ocasião de seu nonagésimo aniversário. Logo, Magdoff completaria cem anos em 2013, e a melhor maneira de homenageá-lo no centenário de seu nascimento é tornar nosso o ensinamento de seus escritos mais importantes sobre o imperialismo moderno.

determinados, é que ele não conseguiu produzir o *Estado político abrangente* do sistema do capital em geral, enquanto seu curso irreprimível em direção à *integração global* de suas estruturas reprodutivas *materiais*. Nesse sentido, o Estado-nação permaneceu, até nossos dias, perigosamente "absoluto". Mas isso não é – e por si só não pode ser – o fim da história. Os limites também a esse respeito se desdobram através da modalidade dos desenvolvimentos históricos objetivos.

Os limites da filosofia hegeliana do Estado, da mesma forma, não são simplesmente internos à filosofia, mas *históricos objetivos* e de modo algum evidentes durante o tempo de vida de seu autor. No entanto, eles tornam-se dolorosamente claros quando definimos a concepção hegeliana do Estado em suas alegações de validade *atemporal* contra a realidade do nosso presente. A temporalidade hegeliana do Estado é fundamentada, em sua obra, pela noção do já mencionado "eternamente presente", que é, paradoxalmente, transfigurado em *finalidade absoluta*, graças ao ser de racionalidade em si "desde o início concluído", na forma do divino "Espírito do Mundo", evocativamente combinado por Hegel com a inquestionável e evidente autoridade mitológica da coruja de Minerva. Naturalmente, o agente real da história e do Estado nessa visão não poderia ser o ser humano autoconsciente. Tinha de ser o divino Espírito do Mundo[9], com sua "astúcia da razão". Hegel descreveu os Estados particulares, as nações e os indivíduos como "os *instrumentos inconscientes* e os membros dessa ocupação interna do espírito do mundo"[10], e os indivíduos que atuam historicamente foram caracterizados por ele como "vitalidades do ato substancial do espírito do mundo e, assim, imediatamente idênticas com o mesmo", o qual "lhes é *oculto* e *não lhes é objeto e fim*"[11].

Com certeza, Hegel não estava sozinho com esse ponto de vista. Ele compartilhou seu projeto conceitual geral com toda a tradição filosófica burguesa em sua fase ascendente do desenvolvimento histórico, quando ainda estava preocupado em confrontar os dilemas reais e oferecer a partir do ponto de vista compartilhado dos gigantes do pensamento burguês algumas soluções viáveis e compatíveis para eles, exibindo ao mesmo tempo também as limitações sociais e históricas de tal ponto de

---

[9] Como vimos anteriormente, ele sublinhou com ênfase que "o *racional*, o *divino*, possui o poder absoluto para realizar-se e, *desde o início*, se realizou".

[10] G. W. F. Hegel, *The Philosophy of Right*, cit., p. 217 [ed. bras.: p. 307].

[11] Ibidem, p. 218 [ed. bras.: p. 309].

82   *A montanha que devemos conquistar*

vista. Assim, encontramos os equivalentes filosóficos que representam a ausência de autoconsciência nos atores históricos e suas realizações definidas pelo próprio Hegel como a "astúcia da razão" (*List der Vernunft*) na "providência" de Vico, na "mão invisível" de Adam Smith e no "plano da natureza" providencial de Kant. Todos esses esquemas explicativos, bastante misteriosos e destinados a iluminar a verdadeira natureza dos objetivos históricos, foram postulados com os poderes correspondentes de sua realização. E os poderes postulados eram considerados capazes de afirmar e se imporem, com legitimidade inquestionável, *contra* as intenções, os desejos, as ideias e os projetos conscientes dos seres humanos historicamente existentes. Pois, mesmo na fase ascendente do desenvolvimento histórico do capital, era totalmente *inconcebível* visualizar a partir do ponto de vista da burguesia – que *teve de* eternizar a "sociedade civil" sob sua dominação constante – um *sujeito coletivo alternativo* e real, materialmente identificável e socialmente eficaz, como o portador das transformações históricas sustentáveis. É por isso que não poderia haver sujeito histórico *transindividual* (comunal) em todas essas concepções de história e de Estado, mas apenas o sujeito *supraindividual* e, consequentemente, também *supra-humano*. Nem mesmo quando Adam Smith pretendeu oferecer algo tangível, sob a forma do mercado, tendo que indicar como sua misteriosa força reguladora benevolente a "mão invisível".

Hegel só pôde reconhecer a temporalidade do próprio passado já como plenamente realizado. Não poderia entrar em cogitação o presente realmente dado – idealizado/eternizado – que algum dia também se tornaria história passada. Nesse sentido, ele escreveu: "A História do Mundo viaja do Oriente para o Ocidente, pois *a Europa é absolutamente o fim da História*"[12]. Sendo assim, houve um passado antes de a História viajar do Oriente para o Ocidente, mas depois disso nunca mais. Consequentemente, a violência e a expansão imperialista dos Estados-nação dominantes jamais poderiam ser remetidas ao passado, porque sua presentidade representou estar em perfeita sintonia com a realidade última da autorrevelação do Espírito do Mundo como o "Princípio do Norte" atribuída ao *"domínio germânico"* e ao Estado germânico (não estritamente alemão). Pois o Estado germânico hegeliano incluiu sob suas determinações o altamente elogiado Estado inglês construtor de

---

[12]   Ibidem, p. 103.

impérios. E Hegel resumiu a idealidade suprema do que foi alcançado com estas palavras:

> O reino dos fatos descartou sua barbárie e capricho injustos, enquanto o reino da verdade abandonou o mundo do além e sua força arbitrária, de modo que a *verdadeira reconciliação* que revela o Estado *como a imagem e a efetividade da razão* tornou-se objetiva. No Estado, a autoconsciência encontra em um desenvolvimento orgânico a efetividade de seu saber e querer substanciais.[13]

É aqui que a insustentabilidade histórica da grandiosa concepção de Hegel e seu canto do cisne resignante, em seu apelo nostálgico à coruja de Minerva, que exclui qualquer possibilidade de "rejuvenescimento", torna-se absolutamente impressionante. Pois a unidade postulada dos reinos do fato e da verdade, e a solução reconciliadora decretada das contradições subjacentes – por meio da reivindicada autodivulgação da realização do Espírito do Mundo como Razão, ela mesma consubstanciada na ética do Estado sempre sustentada na relação simbiótica com a sociedade civil burguesa dada –, revela seu caráter extremamente problemático desde o início. Uma concepção do Estado e da história que foi aclamada como válida não só por muitos dos contemporâneos de Hegel, mas também por seus seguidores muito mais tarde.

A FILOSOFIA HEGELIANA da história e do Estado sofreu um grande descarrilamento prospectivo, quando seu autor optou pela via que ele, na verdade, seguiu em direção aos seus limites com consistência lógica infalível. Com profunda intuição digna de um gênio filosófico, em um período de turbulência revolucionária, Hegel percebeu que um "novo começo" havia objetivamente surgido no horizonte histórico, afirmando-se como a *impossibilidade* de resolver as reivindicações históricas mediante a emancipação de apenas uma *parte* da divisão social na velha forma de impô-la sobre o resto da sociedade como o "pessoal mudado". Havia uma alternativa objetiva à forma tradicional, surgindo na mesma situação revolucionária que, longe de ter já "completado sua formação", estava apenas em seu processo embrionário de formação. No entanto, apoiar essa alternativa não apenas *implicaria* logicamente, mas também, inevitavelmente, *exigiria* a elaboração necessária de uma perspectiva histórica

---

[13] Ibidem, p. 222-3.

84 *A montanha que devemos conquistar*

radicalmente diferente, construída com base na superação sustentável, indispensável e historicamente verdadeira, em termos de época, de todo o antagonismo social fundamental. Escolher esse caminho parecia ser demasiado proibitivo para Hegel, dada a relação real de forças sociais e o rumo dos acontecimentos históricos posteriores à Revolução Francesa. No entanto, a questão permanecia: alguém poderia negar que os antagonismos de época destacados pela agitação revolucionária não existem ou não são importantes, como alguns filósofos românticos fizeram? A posição grotescamente tendenciosa desses românticos, assumindo a forma de pretensa justificação divina, era inseparável de interesses sociais conservadores, de fato, profundamente reacionários. Assim, Friedrich Schlegel, por exemplo, descaradamente argumentou, na mesma época que produziu a concepção histórica de Hegel – época não só dos franceses, mas também da Revolução Industrial –, que:

> O Criador não reservou para Ele mesmo o início e o fim sozinho, e deixou o resto seguir seu próprio curso, mas no meio, e *em cada ponto*, também, do seu progresso, a Vontade Onipotente *pode intervir a seu bel-prazer*. Se quiser, Ele pode instantaneamente parar esse desenvolvimento vital, e de repente fazer o curso da natureza ficar parado, ou, em um momento, dar vida e movimento ao que antes permanecia imóvel e inanimado. De um modo geral, o poder divino pode *suspender as leis da natureza*, interferir diretamente nelas e, por assim dizer, intercalar entre elas alguma operação maior e imediata do Seu poder, como uma exceção no seu desenvolvimento. Porque, assim como no *quadro social da vida civil*, o autor e *doador das leis* pode ocasionalmente deixá-las de lado ou, na sua administração, permitir alguns casos de exceção, o mesmo pode fazer também o Legislador da natureza.[14]

A intenção reacionária por trás das afirmações arbitrárias de Schlegel é bastante óbvia. Torna-se ainda mais clara quando ele traça um paralelo direto entre a "Sabedoria da Ordem Divina das Coisas" e a "Ordem Divina na História do Mundo e a Relação entre os Estados"[15], a fim de justificar o princípio segundo o qual "o poder emana de Deus" e, portanto, nos proíbe estritamente de *violar ou forçosamente subverter qualquer direito estabelecido*, seja essencialmente sagrado ou santificado

---

[14] Friedrich Schlegel, *The Philosophy of Life, and Philosophy of Language, in a Course of Lectures* (Londres, George Bell & Sons), p. 116.

[15] Ibidem, p. 114, 140, 163 e 186.

apenas por prescrição"[16]. Seria difícil tornar mais transparente a associação dessa posição absurda – que chega ao ponto de negar até mesmo a manutenção da validade das leis naturais elementares – com interesses sociais restauradores cegamente retrospectivos em qualquer época, sem falar em uma época de levantes revolucionários. Obviamente, esse tipo de beco sem saída não poderia ser tomado por um gênio filosófico de grande integridade como Hegel. Ele percebeu e positivamente endossou as transformações dramáticas em que as condições politicamente repressivas do Antigo Regime foram derrubadas pela Revolução Francesa e, portanto, elas devem pertencer ao passado histórico. Mas os seus interesses de classe não poderiam permitir que ele ficasse ao lado das novas potencialidades emergentes do desenvolvimento histórico que se desdobrava. É por isso que ele optou pelo caminho no qual ambos exibiam os antagonismos estruturais da própria sociedade civil, e, ao mesmo tempo, estipulou sua *reconciliação* através da grandiosa intervenção do próprio Espírito do Mundo – na concepção hegeliana do "*eternamente presente*" preordenado desde o princípio dos tempos, mas não em qualquer momento "Onipotente a seu bel-prazer" de forma arbitrária e negando a lei natural –, graças a sua instituição mundana do *Estado ético* estabelecido, proclamado pelo próprio Hegel como "a imagem e a efetividade da razão" e "o poder absoluto sobre a terra".

A abordagem hegeliana constituiu uma visão monumental, mesmo que a longo prazo ela só pudesse levar ao descarrilamento. Pois o caminho escolhido e seguido com grande consistência por Hegel passou a ser um longo caminho. A magnitude da tarefa da emancipação *universal*, que nunca antes apareceu como objetivamente possível no curso do desenvolvimento histórico, foi de uma forma estranha, mas significativa, incorporada e mantida na concepção hegeliana, de forma compatível com o caminho por ele escolhido. Isso pôde acontecer porque Hegel se recusou a oferecer alguma reconciliação terrena e acomodação aos antagonismos estruturais descritos em termos prosaicos comuns. Nada menos que a atividade histórica divina supra-humana do Espírito do Mundo, encarnada na aclamada "racionalidade da realidade", poderia igualar-se à magnitude reconhecida dos desafios como foram percebidos e retratados por Hegel. E o próprio trem comandado por ele pôde viajar pelo caminho escolhido por um longo período histórico. De fato, ele pôde viajar por

---

[16] Ibidem, p. 328-9.

86 *A montanha que devemos conquistar*

toda a época moderna da história antagônica; pois enquanto combatia os mais amplos conflitos sociais permaneceu sob a supremacia – que ainda prevalece em nossa época – dos Estados-nação "soberanos".

No entanto, o descarrilamento por vir, que foi prenunciado desde o início, quando Hegel optou pelo caminho em última instância fatal, ao virar as costas para o "imaturo" novo começo, é inexoravelmente obrigado a "realizar-se" quando o trem da formação do Estado nacional do capital glorificado por Hegel chegar ao fim da linha. Mas será um descarrilamento catastrófico que destruirá toda a humanidade ou o próprio trem poderá ser desacelerado a tempo, de modo que apenas sua locomotiva sem condutor seja destruída pelo impacto quando o trem chegar ao fim da linha? Essa é a questão para nós.

O descarrilamento está prestes a acontecer em nosso próprio tempo histórico. O ideal hegeliano da "realização do racional" não pôde ser concretizado, apesar do postulado de Hegel pronunciado na temporalidade ilusória do passado, segundo a qual "o reino da verdade abandonou o mundo do além e sua força arbitrária". Em nítido contraste com isso, a violação real da verdade no interesse de impor o controle sociometabólico do capital sobre as nossas condições de existência é onipresente, e a força arbitrária legitimada pelo Estado é o garantidor último e executor dos requisitos de tal modo de controle. Ao mesmo tempo, a "realização" das potencialidades históricas subjacentes prossegue, mas muito longe de seu sentido hegeliano idealizado. Pelo contrário, ela assume formas sumamente ameaçadoras. Assim, confrontada com os perigos verdadeira e gravemente realizados, e de fato cada vez mais intensos, de nossa própria situação histórica, a teoria hegeliana da história e do Estado põe os pés no chão. Pois a busca irresponsável dos imperativos antagônicos do Estado-nação, os quais nós testemunhamos e que continuamos a sofrer nas diferentes partes do mundo, e que, em sua aclamada configuração atemporal e permanência absoluta, teve que ser idealizada por Hegel, em nossa realidade realmente existente só poderia ser *suicida para a humanidade*. E nenhum postulado concebível de qualquer agente histórico *supra-humano* imaginário – seja a "mão invisível" de Adam Smith ou o Espírito do Mundo de Hegel, com sua "astúcia absoluta da Razão" – poderia oferecer uma solução reconciliadora para isso.

Por essa razão, sob as condições do aprofundamento da crise estrutural do nosso sistema de reprodução sociometabólico, os problemas que estão em jogo não poderiam ser maiores no atual processo de desdobramento da globalização antagônica do capital, ligados aos interesses dos Estados-nação necessariamente em conflito. Eles trazem à tona uma série de contradições diretamente relacionadas não com os defeitos operacionais e processuais remediáveis de algumas formações particulares de Estado, mas sim com *a realidade do Estado como tal.* Pois o próprio Estado, tal como constituído nos últimos cinco ou seis séculos, está fundamentado sobre o capital global em nosso próprio tempo, longe do desenvolvimento material historicamente sustentável, devido à atual modalidade perseguida de reprodução dos imperativos destrutivos inerentes ao sistema do capital.

"Crescer ou perecer" continua a estar na ordem do dia, e o significado de crescimento, no espírito da ordem vigente, é fetichisticamente reduzido – por violar a *verdade* e absurdamente impor sua transfiguração destrutiva como *falsidade*, não no *mundo do além,* mas no realmente já existente, através da instrumentalidade despida de *força arbitrária* legitimada pelo Estado – à sua identidade falaciosamente afirmada com a *devastadora expansão do capital.* E as formações estatais do sistema do capital sustentam esse tipo de desenvolvimento em todos os continentes. Como resultado, a crise social e política gerada estruturalmente e o protesto tão necessário, embora ainda desdobrando-se lentamente, são visíveis em todos os lugares em nosso lar planetário, onde quer que olhemos. As determinações materiais diretas da ordem reprodutiva do capital estão totalmente complementadas pela abrangente estrutura política de comando das formações estatais do capital, constituindo-se, assim, a realidade estruturalmente interligada e enredada, e o círculo vicioso prático, do sistema do capital como um todo.

Existe uma saída do labirinto perigoso das contradições antagônicas desse sistema? Onde estão as lacunas a serem expostas e quais são as alavancas eficazes a serem acionadas no interesse da mudança sistêmica necessária? O que deve ser feito e o que pode ser feito nessa conjuntura da história no que diz respeito aos grandes problemas do Estado? Esses são os problemas sobre os quais agora devemos nos debruçar.

7
A ORDEM SOCIOMETABÓLICA DO CAPITAL E O ESTADO EM FALÊNCIA

A crítica necessária do Estado certamente não pode significar que passaremos a defender a transformação da nossa inevitável modalidade global de reprodução social em algum tipo de comunidade utópica de vila bucólica. Os socialistas que afirmam a validade do intercâmbio produtivo comunal entre indivíduos livremente associados, o próprio Marx entre eles em primeiro lugar, são grosseiramente acusados de se entregarem a tais fantasias ociosas. A verdade dessa questão é diametralmente oposta. Pois, o problema das formações de Estado no capitalismo – a partir do qual muitos antagonismos potencialmente letais emergem, demonstrando o fracasso total até mesmo das tentativas mais violentas e agressivas do imperialismo monopolista de resolvê-lo no passado, ao impor pela força das armas um ou dois dos poderes temporariamente mais dominantes sobre o resto deles (como a Alemanha e o Japão na Segunda Guerra Mundial) – é que o capital, devido a suas determinações estruturais mais íntimas, não pôde produzir o *Estado do sistema do capital em geral*, como mencionado anteriormente. Mas esse grande fracasso histórico, para o qual não há solução possível na base material do capital, não pode desaparecer como que por desejo, nem pode ser varrido para debaixo do proverbial tapete. O problema em si permanece e, com o passar do tempo, pode apenas agudizar-se, até que uma solução historicamente sustentável seja elaborada para as determinações antagônicas subjacentes. Nesse sentido, longe de orientar-se para um mundo de sonhos de alguma comunidade utópica de vila bucólica, a crítica socialista radical do Estado deve levar em conta também esse grande problema global, cronicamente não resolvido.

90 *A montanha que devemos conquistar*

Uma solução também a esse respeito só pode ser vislumbrada a partir de uma perspectiva de longo prazo acerca daquele outro caminho que não pôde ser adotado por Hegel. Como sabemos, foi mérito histórico de Marx trazer para o primeiro plano do debate – no período da nova onda revolucionária da década de 1840 – as implicações de longo alcance e os imperativos práticos dessa nova perspectiva que marcou época, elaborando na sua grande obra a base teórica e o horizonte estratégico geral de seu pleno desdobramento internacional prospectivo. Mas é claro que ele não foi de modo algum o primeiro a se engajar apaixonadamente na luta pela realização das metas e objetivos defendidos. De fato, meio século antes de Marx, Babeuf e seus camaradas, em sua "conspiração dos iguais", claramente já expressaram alguns dos principais requisitos, e seu movimento foi brutalmente liquidado no rescaldo da Revolução Francesa. Até mesmo a definição marxiana da significativa diferença entre o estágio inicial e o mais elevado de transformação socialista, formulada em sua *Crítica do Programa de Gotha* nos termos do princípio orientador dos fundamentos sociais da necessidade humana, lembra as visões eloquentemente declaradas de Babeuf sobre a igualdade verdadeira:

> A igualdade deve ser medida pala *capacidade* do trabalhador e pela *necessidade* do consumidor, não pela intensidade do trabalho e pela quantidade de coisas consumidas. Um homem dotado de certo grau de força, quando levanta um peso de dez libras, trabalha tanto quanto outro homem com cinco vezes a sua força que levanta cinquenta libras. Aquele que, para saciar uma sede abrasadora, bebe um jarro de água, não desfruta mais do que seu camarada que, ligeiramente sedento, bebe apenas um copo. O objetivo do comunismo em questão é *igualdade de dores e prazeres*, não de *coisas consumíveis e tarefas dos trabalhadores*.[1]

Ademais, o "Manifesto dos iguais" de Babeuf e seus camaradas explicitou e condenou com extrema veemência a exploração e a dominação hipócrita da maioria esmagadora da "raça humana" na ordem efetivamente estabelecida, tal como dividida em "senhores e servos" e "dominantes e dominados". Eles condenaram a ordem social que não tinha vergonha de justificar tal dominação em nome da "igualdade perante a lei" e dos

---

[1] Ver Philippe Buonarroti, *Conspiration pour l'égalité dite de Babeuf* (Bruxelas, 1828), p. 297.

"direitos do homem"[2]. Em outras palavras, eles condenaram a cruel realidade imposta no tempo de Babeuf, em que permanece a questão candente da dominação do Estado até hoje.

Entretanto, apesar da violenta repressão ao movimento de Babeuf, a nova tendência histórica que emergia da grande agitação revolucionária na virada do século XVIII para o século XIX continuou a avançar lentamente e, no devido tempo, assumiu uma variedade de formas bem antes de Marx e das novas explosões revolucionárias na década de 1840. Em seu curso de desdobramento extremamente difícil, devido às relações de poder estabelecidas e o correspondente exercício da repressão por parte das forças dominantes, o avanço dessa tendência por muito tempo só pôde ocorrer através de "mudanças capilares" de maneira clandestina, primeiramente em diferentes partes da Europa. No entanto, através da sobrevivência das sociedades secretas socialistas e através de sua defesa apaixonada da igualdade, algum progresso continuou a ser alcançado, o que por sua vez trouxe consigo algumas ramificações sumamente surpreendentes.

Devemos lembrar, a esse respeito, uma conexão social de grande importância não limitada ao início do século XIX, mas que chega ao âmago do nosso próprio presente histórico. Ela apareceu através dos desenvolvimentos históricos dramáticos e de longo alcance na Venezuela, sob a presidência de Hugo Chávez Frias, nos últimos treze anos. Como todos sabemos, a grande inspiração do presidente Chávez foi *El Libertador*

---

[2] "Sob o nome de política, o caos reinou por muitos séculos [...] a igualdade não passava de uma ficção legal bela e estéril. [...] Desde tempos imemoriais eles hipocritamente repetem *'todos os homens são iguais'* e desde tempos imemoriais a desigualdade mais degradante e monstruosa pesa insolentemente sobre a raça humana. [...] Nós precisamos não apenas da igualdade de direitos inscritos na Declaração dos Direitos do Homem e do Cidadão, queremos ela em nosso meio, sob os telhados das nossas casas. [...] Nós declaramos que não podemos mais aturar o fato de que a grande maioria trabalha e sua para a menor das minorias. [...] Acabemos com esse grande escândalo que nossos descendentes nunca acreditarão ter existido! Desapareçam, por fim, as revoltantes distinções entre ricos e pobres, grandes e pequenos, senhores e servos, *dominantes e dominados.* [...] Os decretos aristocráticos de 1791 e 1795 apertaram suas correntes em vez de quebrá-las. O de 1793 foi um grande passo em direção à igualdade verdadeira, nós nunca havíamos chegado tão perto dela. Mas ela ainda não atingiu o objetivo, nem alcançou a felicidade comum, que é, no entanto, solenemente consagrada como seu grande princípio." Todas essas passagens foram retiradas do trabalho de Philippe Buonarroti, citado na nota anterior.

92 A montanha que devemos conquistar

Simón Bolívar, que não apenas derrotou o exército do Império Espanhol na América Latina como também libertou os escravos – face à violenta oposição pela sua própria classe (e mesmo de sua amada irmã descrevendo--o, por isso, como "louco") – várias décadas antes que o problema pudesse ser levantado e parcialmente resolvido na América do Norte. E o próprio Bolívar insistiu que a igualdade era e tinha de ser respeitada como "*a lei das leis*", acrescentando que "sem igualdade perecem todas as liberdades, todos os direitos. Por ela devemos fazer sacrifícios"[3]. De fato, em seu magnífico "Discurso ao Congresso de Angostura", ele destacou a libertação dos escravos como a mais vital de todas as suas ordens e decretos, dizendo que: "Deixo para sua soberana decisão a reforma ou revogação de todas as minhas leis e decretos; mas imploro a confirmação da *liberdade absoluta dos escravos*, como imploraria por minha vida e pela vida da República"[4].

O que também é muito relevante nesse contexto é que o lendário professor de Bolívar, que foi muito admirado pelo próprio Bolívar não apenas em sua infância, mas por toda a sua vida, Simón Rodriguez – alguém que acreditava apaixonadamente na igualdade e que levou Bolívar para Monte Sacro, em Roma, em agosto 1805 e foi testemunha de seu juramento solene para a libertação de seu país do domínio espanhol – viveu em Paris durante décadas depois de deixar Roma e, como Marx mais tarde, no início dos anos 1840, frequentou sociedades secretas socialistas em Paris, voltando à América do Sul apenas em 1823. Assim, a tendência clandestina assumiu também essa forma bastante incomum, ligando continentes distantes e engajando na causa da igualdade real e da correspondente libertação dos escravos uma grande figura histórica, Bolívar, que era supostamente destinado, devido a sua origem social, a lutar no lado oposto da barricada de classe. Obviamente Hegel, que ao falar do assim chamado "caráter africano" propagandeou as mais absurdas visões racistas em sua *Filosofia da história*, nunca esperou que sua divina *List der Vernunft* (astúcia da razão) se valesse desses truques sujos e condescendesse com tais "atos subversivos da história".

Outra dimensão de vital importância dessa mesma tendência, a qual teve que definir a emancipação humana em termos verdadeiramente universais

---

[3] Simón Bolívar, *Selected Works* (Nova York, Colonial, 1951), v. 2, p. 603.

[4] Ibidem, v. 1, p. 195.

e em termos substantivamente equitativos, diz respeito à relação entre a forma como reproduzimos nossas condições materiais diretas de vida através das horas que dedicamos todos os dias ao trabalho em comparação com as horas que alocamos para outras atividades. Naturalmente existe um aspecto individual importante quanto a essa questão, permitindo aos indivíduos particulares atribuir determinadas porções de seu tempo para *este*, em vez de *para aquele tipo* de atividade. Mas existem algumas precondições sociais vitais em operação antes que os indivíduos possam sequer começar a pensar sobre como alocar seu próprio tempo. Essas precondições são determinadas pelo lugar particular dos indivíduos na ordem social, dando a alguns deles muito mais "liberdade" [*liberty*] (ou "liberdade" [*freedom*]), enquanto limita com o mesmo golpe a igualdade dos outros. É por isso que Bolívar estava absolutamente certo ao insistir que "*sem igualdade perecem todas as liberdades, todos os direitos*".

É claro que a questão fundamentalmente social da alocação de nosso tempo pode ser modificada pelo avanço histórico das forças produtivas da sociedade e dos princípios orientadores adotados que podem ser usados para regular o metabolismo social da reprodução. E não apenas o grau de avanço produtivo historicamente alcançado, mas também os princípios orientadores adotados para o controle metabólico exigem um quadro geral de referência social para adquirir seu significado apropriado. Certamente nós somos limitados pelo grau de avanço produtivo historicamente alcança-do. Mas não somos menos limitados – ao contrário, somos mais limitados e, potencialmente, até mesmo mutilados – se não elaborarmos e adotarmos os princípios orientadores apropriados de controle sociometabólico, porque isso poderia anular a realização do grau objetivamente atingido de avanço científico e outros avanços produtivos. E esse é precisamente o ponto em que a questão vital do papel do Estado entra em cena. Pois o processo de reprodução social geral, com a multiplicidade de suas ações produtivas materiais e de várias iniciativas de tomadas de decisão, deve *coerir* de alguma maneira, caso contrário, a sociedade em questão não poderia sobreviver.

Assim, o funcionamento saudável da sociedade depende, por um lado, da *natureza* das ações produtivas materiais, de acordo com as condições históricas específicas que definem e moldam o seu caráter, e, por outro lado, da *modalidade* do processo *geral* de tomada de decisão política que *complementa* o processo sociometabólico, tal qual ativado na multiplicidade das unidades reprodutivas materiais particulares, ajudando-as a *coerir* em um *todo sustentável*. Sob algumas condições

94 A montanha que devemos conquistar

históricas – especialmente sob o domínio do capital como ordem sociometabólica de reprodução – essa coesão é possível somente se a dimensão
de controle político geral se constituir como órgão de tomada de decisão
separado/alienado de algumas das funções mais vitais. Pois as formações
de Estado do sistema do capital devem agir como *corretivos necessários* –
por tanto tempo quanto forem historicamente capazes de cumprir tais
funções corretivas – para alguns *defeitos estruturais* identificáveis na própria natureza das *estruturas reprodutivas materiais*. Entretanto, e isso pode
não ser suficientemente enfatizado como o outro lado da mesma moeda,
a necessidade de *coesão* é uma exigência social *absoluta* e, portanto, não
pode desaparecer nem mesmo com o "fenecimento do Estado".

Duas importantes consequências decorrem dessa consideração absolutamente necessária.

1) A crítica radical da formação do Estado no capital em nossa época
está diretamente relacionada com o seu – cada vez mais perigoso –
fracasso histórico em cumprir suas *funções corretivas* vitais que são requi-
sitadas pelo próprio processo reprodutivo material antagônico. Como
resultado, o agora *Estado em falência* (a dolorosa realidade de nosso
tempo, a despeito de quantos trilhões endividados são despejados no
buraco sem fundo do capital) pode apenas pôr em perigo o processo
metabólico social geral, em vez de solucionar a crise. Isso ocorre porque
o Estado é *parte integral* das determinações estruturais do sistema do
capital, e suas necessárias funções corretivas/solucionadoras só podem
ser *internas* a ele. Assim, o Estado não pode *eximir-se* da *crise estrutural*
em desdobramento do sistema do capital como um todo.

2) A primazia relativa nessa inter-relação inextricável entre as estruturas reprodutivas materiais do capital e suas formações de Estado –
que em um determinado ponto da história torna-se um círculo vicioso – pertence às primeiras. É, portanto, impossível vislumbrar o
necessário fenecimento do Estado sem, simultaneamente, confrontar
também os problemas críticos de alterar radicalmente o processo de
reprodução material global. O doloroso fracasso histórico em alcançar
qualquer progresso até o momento na direção do fenecimento do
Estado, tal qual vislumbrado por Marx, adquire sua inteligibilidade
sobre esse fundamento. E a mesma consideração se aplica não apenas
à avaliação do passado em relação às forças que impediram a realização
das expectativas originais, mas também às prospecções para o futuro.

A ordem sociometabólica do capital e o Estado em falência 95

Quanto ao ponto 1 que acabamos de mencionar, é muito relevante que os defensores atuais do "imperialismo liberal" definam arrogantemente os territórios de sua ilusória reconquista colonial como "Estados falidos". Nenhuma explicação é dada por que os assim chamados Estados falidos supostamente teriam de fato falido. É simplesmente afirmado, com arbitrariedade declamatória, que tais Estados devem ser considerados Estados falidos. Esse ponto de vista é combinado com a declaração igualmente arbitrária – um total *non sequitur* lógico, convenientemente estipulado pelos proponentes interesseiros dessas "teorias" –, segundo a qual os Estados fracassados peremptoriamente condenados devem ser controlados pelos Estados capitalistas dominantes, sem nem mesmo fazer a pergunta elementar sobre a viabilidade prática (em termos de custos materiais e humanos e destruição inevitável) do empreendimento "imperialista liberal" defendido. Espera-se que a introdução da palavra "liberal" resolva todas essas preocupações. E o que é ainda pior, os "pensadores estratégicos" e seus patrocinadores de alto escalão político, que promovem tal "visão" do futuro da humanidade, também se recusam a admitir que *os Estados realmente em falência são os seus próprios Estados centrais* – ainda dominantes – do sistema do capital. Um dos sinais mais agudos do verdadeiro fracasso dos Estados centrais é que, com as suas aventuras de guerra contínua, proclamadas em nome dos "direitos humanos", da "democracia" e "liberdade", eles tentam impor aos "Estados falidos", arbitrariamente denunciados como tais, a modalidade da dominação colonialista direta, historicamente anacrônica e que falhou dramaticamente ao ser experimentada na história real.

Examinaremos mais de perto a determinação causal profundamente arraigada desses problemas literalmente vitais do desenrolar de nosso desenvolvimento histórico nas páginas finais desta seção. Quanto ao ponto 2, não há como fugir do círculo vicioso das determinações inerentemente antagônicas do capital – que, em nosso tempo, coloca em risco a sobrevivência da humanidade, não só em termos militares, mas também no plano ecológico – sem alterar radicalmente a nossa modalidade de controle sociometabólico ao *erradicar* completamente o capital do processo de reprodução social.

O DESAFIO A esse respeito, que adquiriu proporções monumentais em nosso tempo, foi *embrionariamente* conceituado um quarto de século antes de Marx, como parte integral da nova tendência perspicaz que levantou a questão da emancipação em termos universais e substantivamente

96 *A montanha que devemos conquistar*

equitativos, estendida a toda a humanidade. Em relação à questão essencial de *como* nós poderíamos e deveríamos alocar significativamente nosso tempo – o único e exclusivo tempo de vida dos seres humanos – para os fins apropriados entre as demandas concorrentes, com implicações vitais para a questão mais relevante do *"tempo livre"* dos indivíduos, a resposta foi dada em um panfleto anônimo, já em 1821, da seguinte forma:

> *Riqueza é tempo disponível* e mais nada. Se todo o trabalho de um país só fosse suficiente para prover o sustento de toda a população, não haveria nenhum *trabalho excedente*, e, consequentemente, nada que pudesse ser acumulado como capital. [...] Uma nação é verdadeiramente rica quando não existe *nenhum juro*, ou quando se trabalha seis horas em lugar de doze.[5]

Assim, a categoria crucial de *tempo disponível* é antecipada pelo autor desse panfleto anônimo, além de "nenhum juro", "trabalho excedente" e "tempo de trabalho"*, defendendo para o futuro – e para a riqueza realmente significativa de qualquer nação** – a redução da jornada de trabalho para *seis horas*. Mas é claro que essa perspectiva antecipa ainda hoje um mundo radicalmente diferente. Pois o capital só pode estar interessado na redução do *tempo de trabalho necessário* a serviço da acumulação de capital e da maximização do lucro.

O destinatário desse panfleto anônimo foi lorde John Russell, uma figura política progressista *whig**** (ancestral do conde Bertrand Russell), que já em 1820 tinha simpatia pela reforma social e, posteriormente, também, até certo ponto, pela redução da longa jornada de trabalho. Mas é claro que um mundo inteiro o separava da perspectiva geral do

---

5   Panfleto anônimo de 1821, intitulado *The Source and Remedy of the National Difficulties, Deduced from Principles of Political Economy in a Letter to Lord John Russell* [*A fonte e solução das dificuldades nacionais, deduzidas dos princípios de economia política em uma carta ao* lord *John Russell*], citado em Karl Marx, *Grundrisse* (São Paulo, Boitempo, 2011), p. 321.

*   Há aqui uma diferença entre as traduções utilizadas. A categoria *jornada de trabalho* (claramente expressa no panfleto anônimo quando da comparação entre "se trabalhar seis horas em lugar de doze") não aparece textualmente na edição brasileira dos *Grundrisse* – tomada como base para esta tradução –, enquanto que na tradução utilizada por Mészáros aparece a categoria *working day* [dia de trabalho]. (N. T.)

** Alusão irônica de Mészáros à obra clássica de Adam Smith. (N. T.)

*** Designação das pessoas ligadas ao Partido Liberal inglês, em oposição aos *torries*, ligados ao Partido Conservador. (N. T.)

próprio panfleto. A ideia de fazer do *"tempo disponível"* o princípio orientador para a regulação da reprodução social implicava a criação de uma ordem social radicalmente diferente. Não apenas em 1821, quando foi sugerida, mas há pouco menos de duzentos anos depois da ideia original, em nossa época, ela permanece como um grande desafio para o *futuro*, sem o qual o modo socialista de reprodução sociometabólica não poderia ser considerado historicamente sustentável.

Mas como é possível instituir, na realidade, o princípio orientador de *tempo disponível* como o regulador efetivo do processo de reprodução social? Quem pode legitimamente decidir *quanto tempo disponível* pode ser posto à disposição para ser alocado para as diversas funções produtivas e humanamente realizadoras que podem *legitimamente* reivindicar uma parte adequada disso? De fato, quem pode decidir qual é a quantidade real tanto da quantidade *como da qualidade* do tempo disponível dos indivíduos particulares e de sua sociedade como um todo? Sob o domínio do capital isso é inconcebível. Mas, mesmo entre as fases inicial e mais elevada de transição da ordem reprodutiva social socialista defendida, o contraste ainda é marcante a esse respeito. Pois o princípio da distribuição do produto social entre os membros da sociedade, de acordo com sua *contribuição* quantitativamente mensurável para o produto social total, pode ser regulado com relativa facilidade por uma *política geral*, possivelmente até mesmo sob a supervisão de uma autoridade separada instituída como temporária. Mas a maneira apropriada de distribuir a riqueza social *"de acordo com as necessidades dos indivíduos"* – indicada por Babeuf no exemplo de seus homens sedentos que precisam de um jarro de água ou apenas um copo cheio – clama pelo reconhecimento totalmente equitativo da autoridade da tomada de decisão dos próprios indivíduos sociais sobre o assunto. Pois somente os indivíduos socialmente conscientes podem verdadeiramente julgar o que pode ser considerado o verdadeiro montante, não apenas quantitativo (medido em horas), mas também em um sentido *qualitativo* (referente à *intensidade*) de seu *tempo disponível* livremente acessível, de modo a ser legitimamente alocado pelas pessoas envolvidas para fins produtivos, bem como para sua própria realização. E, ao mesmo tempo, esse assunto também envolve decidir a questão: quais são as verdadeiras *necessidades* humanas – em contraste com os desejos caprichosos e "apetites artificiais", capazes de multiplicação infinita, como a figura monetária inserida em contas bancárias – a serem apreciadas pelos indivíduos sociais sobre uma

98   *A montanha que devemos conquistar*

base substancialmente equitativa? Nenhuma *autoridade separada* pode reivindicar legitimidade para esses assuntos.

Naturalmente, nenhuma dessas questões é praticamente compatível com o horizonte do sistema do capital, cujos imperativos materiais objetivos – que devem ser apoiados, e de fato o são, por formações de Estado correspondentes do sistema – pressionam unicamente para a redução do *tempo de trabalho necessário*, e, portanto, para a inevitável produção de *pessoas supérfluas*, com o agora oficialmente reconhecido e cinicamente justificado "desemprego estrutural". Pois o aumento potencial da riqueza real por meio da adoção consciente do *tempo disponível* como regulador geral da produção – em contraste com o imperativo desumanizante da interminável acumulação do capital – e a imensa quantidade de *tempo livre* gerado pela utilização do tempo disponível quando o dia de trabalho é reduzido para seis horas, ou até mesmo consideravelmente menos do que isso, poderiam apenas funcionar como *dinamite social*, explodindo pelos ares o sistema do capital na ausência de atividade criativa humanamente significativa à disposição dos indivíduos.

Esse princípio orientador da reprodução social é incompatível com o sistema do capital, incluindo suas formações de Estado, com base em três considerações vitais. Primeiro, porque a adoção do tempo disponível clama por uma determinação *qualitativa* do metabolismo social, no lugar da dominação fetichista da quantidade sob as condições de domínio do capital sobre a sociedade. Em segundo lugar, porque esse princípio regulador tem o *fim em aberto*, em seu *apelo para o futuro*, tanto em relação à realização dos objetivos produtivos *genuinamente planejados* da sociedade em geral (sem a qual a humanidade não poderia sobreviver) quanto em relação as *metas autodeterminadas de realização da vida* dos indivíduos particulares, cujo tempo disponível deve prevalecer para os objetivos escolhidos com base em sua *igualdade substantiva*. E terceiro, porque, mesmo sob as melhores condições, durante a fase ascendente do desenvolvimento sistêmico, as funções *corretivas* necessárias da formação do Estado no capital – em vista da primazia relativa das estruturas reprodutivas materiais sobre a dimensão política em sua inter-relação inextricável há pouco mencionada – não podem *alterar* significativamente o quadro geral em si. Elas só podem ajustar a sua eficácia operacional em sintonia com a *premissa absoluta* inalterável da subordinação estruturalmente enraizada do trabalho. Os defeitos estruturais das determinações materiais diretas devem ser *preservados* mais fortes do que nunca

A ordem sociometabólica do capital e o Estado em falência 99

através das funções *contraditoriamente corretivas* do Estado, porque o capital não poderia sobreviver sem eles. Isso significa impor, assim, na história, o imperativo destrutivo de uma *dialética atrofiada*, em última instância insustentável da *Aufhebung* (isto é, da "preservação superadora") *fracassada*, em que a preservação deve prevalecer *a qualquer custo*, em detrimento da vitalmente necessária *superação*. Daí a sua *destrutividade* historicamente em desdobramento e cada vez mais intensa a longo prazo. E nesse sentido, novamente, os imperativos predeterminados do *passado*, com os Estados-nação concorrentes estabelecidos, dominam o *presente*.

Assim, Hegel, que era um grande pensador dialético, no terreno filosófico mais geral pôde destacar mais do que ninguém as *exigências conceituais da Aufhebung*, mas ele violou seu próprio princípio quando se recusou a reconhecer a *realização atrofiada* da *Aufhebung* necessária sob as condições realmente existentes. Em um sentido paradoxal, ele estava certo em atribuir à realidade alcançada de seus modernos Estados-nação capitalistas, em sua filosofia da história, a *temporalidade do passado*, insistindo em que os Estados germânicos constituíam "*absolutamente o fim da história universal*". O ponto em que ele teve que ser fundamentalmente corrigido por Marx foi no esquema hegeliano – a realidade prosaica de contradições não resolvidas as quais ele só podia enaltecer, santificando-as em nome do "Espírito do Mundo" –, de acordo com o qual a subsunção dos antagonismos da "sociedade civil" sob o ilusoriamente proclamado "Estado ético" representou a *Theodicaea*, a "*justificação dos caminhos de Deus*"[6] e, ao mesmo tempo, a etapa final da "*corporificação perfeita do Espírito*"[7], como já vimos.

Nessa dialética atrofiada, o último garantidor da "realidade positiva" ficticiamente projetada da reconciliação social, o Estado capitalista, tinha que ser idealizado, inclusive sob seus aspectos mais devastadoramente problemáticos. Assim, até mesmo a tecnologia da guerra moderna teve de ser promovida, de forma extremamente surpreendente, por Hegel. É difícil de acreditar em nossos olhos quando lemos em sua *Filosofia da história* o tipo de idealização socioapologética dos instrumentos de destruição produzidos em massa, quando ele nos apresenta a "dedução filosófica" da guerra moderna a partir do que, em sua opinião, deve ser

---

[6] G. W. F. Hegel, *The Philosophy of History* (Nova York, Dover, 1956), cit., p. 15.

[7] Ibidem, p. 17.

100 *A montanha que devemos conquistar*

explicitamente aceito como o ápice das determinações idealmente mais louváveis: o *pensamento e o universal.*

É assim que Hegel tenta convencer seus leitores, com a ajuda da mais peculiar dedução filosófica sobre a pretensa "forma superior de bravura humana" exibida na guerra moderna de seus Estados-nação idealizados:

O princípio do mundo moderno – o pensamento e o universal – *deu à coragem uma forma superior*, porque sua manifestação agora aparece mais mecânica, não ato desse indivíduo particular, mas do membro de um conjunto. Além do mais, parece ter-se voltado não contra um único indivíduo, mas contra um *grupo* hostil, daí a *bravura pessoal parecer impessoal*. É por *essa razão que o pensamento inventou a arma de fogo*, e tal invenção, que transformou a forma de valentia exclusivamente pessoal em uma bravura mais abstrata, não é acidental.[8]

Dessa forma, através de sua derivação direta do "princípio do mundo moderno", a contingência material da guerra moderna cada vez mais poderosa, enraizada na expansão global da tecnologia capitalista, adquire não só sua "necessidade ideal". Ela é simultaneamente também colocada acima de todas as críticas possíveis, em virtude de sua adequação completa – "a racionalidade do real" – a esse princípio. E uma vez que a coragem moralmente louvável como "valor intrínseco" está indissoluvelmente ligada por Hegel ao "absoluto, fim último, a soberania do Estado"[9], fecha-se totalmente o círculo apologético da história, que atinge seu ponto culminante no Estado germânico "civilizador" do sistema do capital, com sua guerra moderna impiedosamente eficaz "inventada pelo pensamento", em razão de tornar real, de uma forma "impessoal" adequada, "a imagem e a efetividade da razão". Só podemos imaginar, como Hegel justificaria, em nome de "ser inventado pelo pensamento e pelo universal" em um estágio ainda "mais avançado" do desenvolvimento capitalista, o uso da arma *mais covarde* já produzida na história da humanidade: os *drones*, através dos quais a destruição é imposta a inúmeras vítimas da agressão imperialista, operados pelo toque de um botão eletrônico a partir de um escritório confortável a milhares de quilômetros de distância das explosões assassinas? E como poderia Hegel atribuir, mesmo com sua dialética atrofiada, tal magnitude de depravação

---

[8]   Ibidem, p. 212.
[9]   Ibidem, p. 211.

moral à atividade histórica suprema do seu Espírito de Mundo (*Weltgeist*) e de sua Astúcia Absoluta da Razão?

COMPREENSIVELMENTE, na abordagem marxiana, tanto as estruturas reprodutivas materiais da "sociedade civil" do capital quanto a correspondente formação de Estado em sua totalidade tiveram que ser submetidas a uma crítica radical, em vez de metamorfosear o passado historicamente não mais sustentável no insuperável postulado do "eterno presente" da dialética atrofiada. Dadas as exigências de *emancipação*, não parcial, mas *universal*, em contraste com as modalidades históricas anteriores de "mudança de pessoal", essa tarefa poderia ser alcançada somente ao concentrar a atenção no círculo vicioso das estruturas reprodutivas materiais do capital e as correspondentes formações do Estado. Por conseguinte, a crítica radical tinha que ser dirigida ao *Estado enquanto tal*, e não apenas a uma forma historicamente específica do Estado, o que deixaria as determinações estruturais subjacentes de pé. É por isso que o *fenecimento do Estado* teve que ser vislumbrado como um requisito essencial da possível transformação socialista global produtivamente viável, com base no tempo disponível, para além da subordinação estruturalmente enraizada do trabalho e os antagonismos destrutivos dos Estados-nação, sejam eles "germânicos" ou quaisquer outros.

Uma das grandes sacadas de Marx para a compreensão do desenvolvimento histórico foi resumida nesta analogia formulada por ele: "a anatomia humana é a chave para a anatomia do macaco". Nesse sentido, Marx insistiu que:

> A sociedade burguesa é a mais desenvolvida e diversificada organização histórica da produção. Por essa razão, as categorias que expressam suas relações, e a compreensão de sua estrutura, permitem simultaneamente compreender a organização e as relações de produção de todas as sociedades desaparecidas, com cujos escombros e elementos edificou-se, parte dos quais ainda carrega consigo como resíduos não superados, parte [que] nela se desenvolvem de meros indícios em significações plenas etc.[10]

E Marx prosseguiu sublinhando alguns parágrafos adiante que "as categorias expressam as formas de ser, as determinações de existência"[11]. A

---

[10] Karl Marx, *Grundrisse*, cit., p. 58.

[11] Ibidem, p. 59.

102 A montanha que devemos conquistar

mesma consideração pode ser aplicada, *mutatis mutandis*, aos problemas do Estado moderno e às modalidades de tomada de decisão do corpo social em geral em formações passadas. O assunto é sempre a humanidade em sua história em desdobramento, avançando no insuperável terreno material da natureza que a compele a reproduzir as condições de sua existência dentro de um quadro de regras e regulamentos que podem ser favoráveis ou, ao contrário, sumamente prejudiciais a um avanço objetivamente viável. A importância vital da natureza dos órgãos de tomada de decisão geral, em relação ao modo efetivamente dado ou viável de controlar o metabolismo de reprodução social, entra no cenário histórico nesse ponto.

Não se trata aqui de algum "Estado ideal", embora não seja nem um pouco irrelevante que a projeção de algum sistema regulatório geral ideal tenha sido um tema *teimosamente recorrente* em toda a história do pensamento humano. As concepções passadas do Estado ideal não podem ser discutidas neste momento. O que importa no presente contexto é sublinhar o fato brutal de que, desde a prevalência da exploração de classe, sob qualquer forma, a mais iníqua expropriação e apropriação dos frutos do *trabalho excedente* forneceram a base material, na qual o avanço histórico teve de ser perversamente postulado. Os órgãos regulatórios da tomada de decisão geral – da escravidão e da servidão feudal até a escravidão assalariada capitalista de nosso tempo – tiveram de ser articulados e consolidados em torno dessa categoria central do ser social da humanidade, que deve, obviamente, permanecer a base material do avanço da sociedade e da realização humana também no futuro. Mas, para ser historicamente sustentável no futuro, o uso positivo do tempo disponível da humanidade deve ser libertado de seu invólucro de classe.

Em relação ao passado histórico, o fator decisivo não foi a *forma* particular pela qual o trabalho excedente foi mais iniquamente expropriado, e apropriado para seu próprio benefício primordial, pelas classes dominantes. Sob o capitalismo, esse processo assumiu a forma de extração e conversão economicamente reguladas de trabalho excedente em mais--valor, e o imperativo correspondente, em última análise insustentável e letal, de sua acumulação sempre em expansão como autoimposição destrutiva do capital. Essa forma histórica específica poderia ser alterada sob o sistema de capital pós-capitalista na direção da *extração política* e alocação discriminatória do trabalho excedente, ainda à custa do trabalho. O que sempre importou, e continua a importar enquanto o sistema de expropriação e dominação superimposto do trabalho excedente sobreviver *sob qualquer forma*, é a *substância* em si, que muda sua forma. E o quadro de referência regulatório geral é inseparável disso. A questão fundamental, portanto, em seus termos materiais de referência, é a expropriação e a apropriação alienada do *trabalho excedente enquanto tal*, não apenas esta ou aquela forma particular disso, e em termos da estrutura de comando político geral das determinações regulatórias alienadas de hoje, o *Estado enquanto tal*. Ambos *permanecem ou caem juntos*. O *tempo disponível* da humanidade não pode ser liberado sem isso. Essa é a montanha que *devemos* escalar e conquistar.

O PROBLEMA particularmente grave para nosso tempo é o necessário e cada vez mais perigos fracasso dos *corretivos* instituídos pela dimensão política de interação social no passado. Como resultado de tal fracasso crescente, nós estamos agora submetidos à tentativa de aprisionar tudo no círculo vicioso cada vez mais estreito entre as determinações reprodutivas materiais estruturalmente enraizadas do capital e sua estrutura de comando político geral.

Os corretivos da formação do Estado no capital sempre foram *problemáticos*, mesmo na fase ascendente de desenvolvimento do sistema, mas, na fase descendente, eles se tornaram cada vez mais *aventureiros/ arriscados*. Sua função, em primeiro lugar, era manter dentro de limites gerenciáveis, isto é, proteger contra excessos internamente destrutivos, a *centrifugalidade inerente* às determinações materiais do capital, manifestas desde o menor "*microcosmo*" das unidades reprodutivas materiais (que devem "seguir seu próprio curso") até as intenções das mais gigantescas corporações transnacionais de dominar tudo. Os *defeitos estruturais*[12] das determinações materiais diretas do sistema do capital nunca poderiam ser superadas sem enfraquecer, e até mesmo minar a eficácia do próprio sistema autoexpansionista, que é, por sua natureza mais íntima, *orientado para a expansão* e *impulsionado pela acumulação*, e, claro, *vice-versa*, de acordo com as circunstâncias prevalecentes. Nesse sentido, os corretivos do Estado sempre foram problemáticos, mesmo na fase ascendente *sistemicamente construtiva*. Pois puderam intervir apenas dentro de limites bem demarcados, já que seu mandato primordial não era a *superação*,

---

[12] Uma discussão mais detalhada sobre esse importante problema pode ser encontrada em meu *Estrutura social e formas de consciência*, v. II: *A dialética da estrutura e da história* (São Paulo, Boitempo, 2011), seções 4.2, 4.3 e 4.4.

104 *A montanha que devemos conquistar*

mas a *preservação* da *centrifugalidade competitiva do capital*, por conta de seu lado *dinâmico*, que, por um longo período histórico, constituiu a força material de seu irresistível impulso para frente e a bem-sucedida demolição de todos os obstáculos que se puseram no caminho, até o ponto da dominação sistêmica global no devido tempo.

Dada a *centrifugalidade insuperável* das unidades reprodutivas materiais do capital, a *coesão*, como exigência absoluta de *qualquer* ordem sociometabólica, só poderia ser alcançada, e, no curso da massiva expansão econômica, mantida, através da correspondente expansão da formação de Estado do sistema *que toma conta de tudo*. Uma vez que essa coesão não poderia ser produzida sob a base *substantiva* dos microcosmos autoexpansionistas da reprodução material do capital, apenas a *universalidade formal* das determinações de *Estado imperativas* poderia completar o modo da reprodução sociometabólica do capital como um sistema. Mas mesmo essa única saída era possível somente sobre uma base *estritamente temporária*. Isto é, até que *os limites sistêmicos gerais* desse tipo de reprodução social tivessem de ser atingidos no decurso do desenvolvimento histórico. Então, os limites tiveram que se afirmar com muita força, tanto em termos dos requisitos *materiais* necessários dos microcosmos produtivos *ilimitadamente* autoexpansionistas do sistema – afetando profundamente *da maneira mais destrutiva a própria natureza* – quanto no plano político totalizante das *relações interestatais globais*, prenunciando a potencialidade da destruição catastrófica na forma de mais uma conflagração militar total como testemunhado por duas vezes no século XX. Com efeito, o impulso autoexpansionista inexorável das estruturas materiais do capital não chega a um ponto de repouso por ser contido dentro de *fronteiras nacionais*.

A projeção ilusória de uma *globalização não problemática*, mais poderosamente promovida atualmente pelos Estados Unidos, como *Estado-nação agressivo* dominante, é a manifestação óbvia dessa contradição. Mas, mesmo que os Estados-nação existentes pudessem ser de alguma forma colocados sob um guarda-chuva comum – por força militar ou por algum tipo de acordo político formal –, isso só poderia ser algo efêmero, deixando as contradições subjacentes não resolvidas. Pois ainda se manteria o defeito estrutural mais íntimo do sistema do capital em seu lugar: isto é, a *necessária centrifugalidade autoexpansionista* de seus microcosmos reprodutivos materiais. Em outras palavras, mesmo dessa forma, o sistema do capital permaneceria ainda hoje totalmente desprovido de uma *racionalidade operacional eficaz e coesiva*.

A ordem sociometabólica do capital e o Estado em falência 105

Durante várias décadas, a etapa imperialista monopolista da fase descendente do desenvolvimento sistêmico do capital ainda era capaz de fornecer um "avanço" perversamente corretivo, no sentido de assegurar o triunfo militar temporário do poder ou dos poderes dominantes, embora tal "corretivo" tivesse de assumir uma forma cada vez mais destrutiva por causa de suas guerras cada vez maiores. Assim, o que costumava ser apenas *problemático*, mas ainda afirmável no passado mais distante, começou a tornar-se, nas condições do imperialismo monopolista, cada vez mais *proibitivo,* devido às suas *apostas* cada vez mais altas atreladas a *retornos* necessariamente *decrescentes.* Inevitavelmente, esse tipo de desenvolvimento, com suas crescentes apostas e retornos menores, apontava para a perspectiva de tornar *totalmente insustentável* a afirmação de sanções finais do capital contra o antagonista sistêmico *externamente* denunciado, mas *interno* em suas determinações estruturais centrífugas mais profundas.

Não se pode deixar de ressaltar firmemente que apenas a falsa consciência característica das personificações do capital – que, convenientemente, também fornece a "justificação evidente" e a legitimação do Estado para as guerras visadas – pode deturpar as determinações estruturais *internas* insolúveis e as contradições da ordem social e política estabelecida como ameaças contingentes *externamente produzidas* e militarmente descartáveis de um inimigo a ser subjugado. Aqui, novamente, a *ordem causal* real é apresentada de cabeça para baixo, indicando as *consequências* necessárias das determinações sistêmicas subjacentes, como se tais consequências fossem a *causa real* das guerras periódicas moralmente justificadas em nome da defesa do Estado contra a "ameaça externa". E, é claro, a conclusão lógica decorrente de tal concepção de "ameaça externa" virada de cabeça para baixo também proclama que as colisões necessárias em questão são perfeitamente controláveis pelos conflitos militares habituais dos Estados-nação "soberanos". Na realidade, porém, as determinações causais e contradições são *internas* à própria natureza do modo inalterável de controle sociometabólico do sistema do capital. Isso ocorre porque a centrifugalidade incorrigível das determinações materiais do capital, em seu irreprimível impulso de extensão e dominação global, não poderia ser contida por – nem limitada por – qualquer fronteira nacional. Consequentemente, mais cedo ou mais tarde, *a própria direção autoexpansionista* irresistível deve assumir a forma de *colisões interestatais,* não importa quão destrutivas elas possam ser, chegando ao ponto das duas guerras mundiais realmente vividas em nosso passado histórico.

106 *A montanha que devemos conquistar*

Todavia, uma vez que a perspectiva de destruição total da humanidade entra no horizonte histórico por meio das armas nucleares, químicas e biológicas de destruição em massa, a solução militar dos problemas fundamentais dos antagonismos interestatais – com suas raízes profundamente fincadas na base material centrífuga do capital – torna-se impossível na *escala requerida*. Guerras podem ser visadas, *e de fato são*, em uma escala mais limitada, mas não uma *guerra total*, que no passado pôde subjugar com sucesso o adversário, extraindo dele posteriormente os seus recursos para o benefício do vencedor. Além disso, a inevitável *destrutividade de tudo ao redor*, inseparável de uma guerra total com o uso de armas de destruição em massa, seria tão imensa que nenhum sentido racional poderia ser atribuído à noção de "vencedor". Pois sob tais condições não poderia haver mais vencedores. Haveria apenas *universalmente derrotados*. Assim, mesmo essa longa dimensão estabelecida das *funções corretivas de Estado* – nomeadamente, a sanção final para "impor a soberania pela guerra" no sentido apologético idealizado de Estado por Hegel – que era tão vital para a viabilidade da ordem centrífuga do capital, agora perde totalmente sua praticabilidade e significado. Assim, com a *crise estrutural* do sistema do capital em nossa época, nós atingimos os limites também a esse respeito.

Naturalmente, os "pensadores estratégicos" neoliberais e neoconservadores mais extremos do imperialismo se recusam a tomar qualquer conhecimento de tais desenvolvimentos e continuam a se entregar às projeções mais absurdas de travar uma guerra no futuro, em algum momento, em nome do abertamente glorificado "imperialismo liberal". Eu discuti os pontos de vista de alguns deles no passado[13] e não há necessidade de repeti-los aqui. No entanto, o que é particularmente notável em todas essas defesas abertamente imperialistas de dominação militar é que os autores não conseguem entender nem mesmo a diferença fundamental entre a realidade econômica passada das *guerras totais* e as implicações das *guerras* necessariamente *limitadas* – que devem permanecer limitadas, ficando aquém do suicídio coletivo – em nosso tempo. Pois as guerras

---

[13] Ver minha discussão do ponto de vista de Robert Cooper sobre o "imperialismo liberal" e os chamados "Estados falidos" – descrevendo, na verdade, os antigos territórios coloniais a serem conquistados novamente – em meu livro *O desafio e o fardo do tempo histórico* (Boitempo, São Paulo, 2007), p. 364-8. Cooper foi chamado de "o guru de Tony Blair" pela revista *The Observer*, que promoveu suas ideias.

limitadas não apenas são incapazes de trazer o retorno esperado para o vencedor, nomeadamente, em nossa época, os militarmente preponderantes Estados Unidos, mas elas são em termos econômicos, na verdade, *contraprodutivas*. Elas são contraprodutivas mesmo que nesse momento elas forneçam altos lucros – ao custo do endividamento catastrófico do Estado e sua falência final – para o complexo militar-industrial nacional/transnacional. É suficiente recordar a esse respeito a soma de mais de um *trilhão de dólares* que os Estados Unidos sozinhos tiveram que gastar na Guerra do Iraque, para não mencionar todas as outras previstas e alegremente promovidas por esses "pensadores estratégicos". A outrora praticável lógica econômica das *guerras totais* tornou-se totalmente insana como "racionalidade econômica" – mesmo no sentido da "continuação da política por outros meios" do general Karl Marie von Clausevitz – e não pode prevalecer por mais tempo. Pois é simplesmente inconcebível que *qualquer país particular* – não importa quão poderoso seja nas suas aspirações militares imperialistas – possa dominar de forma sustentável o *mundo inteiro*. Ainda assim, esse tipo de lógica é o único "sentido" que poderia ser atribuído às agressivas aspirações edificadoras de impérios propagandeadas por todo esse estúpido "pensamento estratégico" , projetando a viabilidade e a recomendabilidade econômica do "esgarçamento imperial" [*imperial overstrech*] contra o "encurtamento imperial" [*imperial understretch*], e criando slogans sobre "Estados pré-modernos falidos" e o "eixo do mal", assim como promovendo ao mesmo tempo a "não saída dos territórios ocupados" e desavergonhadamente glorificando a "morte e destruição", a serem infligidas nos chamados "Estados falidos".

Seria tentador ignorar a defesa de todo esse pesadelo inconsequente devido a sua *total irracionalidade*. Certamente é verdade que as projeções irracionais desses "pensadores estratégicos" não importam em si mesmas. Mas elas são *sintomáticas* de algumas contradições fundamentais que não podem ser ignoradas. A verdadeira preocupação é o círculo vicioso do intercâmbio alienado entre os domínios material/econômico e político do sistema do capital. Esse círculo vicioso contrapõe-se a qualquer tentativa de encontrar soluções racionalmente sustentáveis para nossos graves problemas. Pois o intercâmbio recíproco entre os domínios material/econômico e político assume a forma de uma incorrigível dialética atrofiada, porque *um lado* na base material do processo sociometabólico deve dominar o outro – isto é, o valor de troca deve prevalecer sobre o valor de uso, a quantidade sobre a qualidade, o abstrato sobre o concreto,

108 *A montanha que devemos conquistar*

o formal sobre o substantivo, o comando sobre a execução, e, claro, o capital sobre o trabalho. Esse tipo de unilateralidade necessária gera soluções correspondentemente unilaterais no domínio político corretivo, não apenas como papel *facilitador* desempenhado pelo Estado em apoio às gigantescas corporações transnacionais (enquanto cinicamente critica o monopólio), mas também a realização de *expansão imperialista monopolista a qualquer custo* diretamente promovida pelo Estado, incluindo a defesa da guerra total, em vez de limites racionais a serem definidos para a expansão perdulária e inadmissível – além de certa fase histórica, até mesmo totalmente destrutiva – do capital.

Não pode haver uma solução para esse problema fundamental dentro dos parâmetros dos Estados-nação necessariamente antagônicos constituídos por meio do círculo vicioso da *dialética histórica atrofiada* do capital. A chave para remover as *causas* da guerra global pode ser encontrada na necessidade de superar, no plano do *próprio metabolismo social*, a dominação fetichista de um lado pelo outro que acabamos de mencionar, fundada na dominação estruturalmente enraizada do trabalho pelo capital e sua expropriação das funções vitais de controle geral do metabolismo social.

A base material centrífuga do capital *não podia e não pode* ter uma estrutura de comando geral historicamente sustentável. Assim, as várias formações do Estado no sistema do capital têm sido constituídas no curso da história a partir da necessidade de fornecer uma solução – não importa quão contraditória, de fato antagônica – para esse defeito estrutural do metabolismo sociorreprodutivo do sistema, submetendo as unidades incorrigivelmente centrífugas e potencialmente mais perturbadoras a algum tipo de controle geral. Essa solução poderia ser oferecida sobre a base sistêmica estabelecida só se for mantido o caráter *separado/alienado* das formações do Estado no capital como a estrutura de comando geral do sistema, sem *qualquer* perspectiva de integrar as funções materiais reprodutivas e as funções legitimadoras de controle político do Estado. Ao mesmo tempo, as determinações *materiais reprodutivas* do sistema do capital continuaram – e continuam – seu impulso implacável em direção à integração *global*, o qual *não pode ser igualado* de maneira historicamente sustentável pelas formações do Estado no capital, apesar de toda a projeção ilusória da globalização.

Assim, as tendências integradoras como um todo permanecem incorrigivelmente truncadas na base realmente existente do capital, e a dimensão política permanece caracterizada pela estrutura do comando geral antagonicamente confrontador dos Estados-nação. Nesse sentido, o que foi, em sua constituição original, uma prática corretiva temporária (mesmo que necessária por um longo período histórico) para a centrifugalidade material perturbadora do capital torna-se, em nosso tempo, no plano global, uma catastrófica centrifugalidade que potencialmente *absorve* tudo, necessitando de um corretivo global apropriado. Mas um corretivo global é inconcebível sem que se supere o defeito estrutural da centrifugalidade material e a oposição absoluta do capital a um modo de tomada de decisão na qual a escolha autônoma dos objetivos dos indivíduos livremente associados possa ser combinada com uma estrutura geral racionalmente planejada e historicamente sustentável e possa ser verdadeiramente integrada nela.

CONCLUSÃO

Esse é o tamanho da montanha que *devemos* escalar e conquistar. Algum tempo atrás falei do "obstáculo do tamanho do Himalaia". Isso parece um verdadeiro eufemismo. Nossa montanha corresponde a muitos Himalaias um em cima do outro. E não há xerpas nativos a serem explorados para o trabalho duro. Teremos de fazê-lo nós mesmos e só poderemos fazê-lo se estivermos dispostos a enfrentar os verdadeiros riscos e os reais obstáculos.

As contingências de nossa situação, com destaque para os limites de nossa ordem sociometabólica, não são apenas dolorosas. Elas são inalteravelmente também *contingências globais,* com suas implicações preocupantes. Porque, se a dimensão e os recursos do nosso planeta fossem, digamos, dez vezes maiores do que eles realmente são, a destrutividade do capital poderia continuar por um bom tempo ainda. Mas *eles não são* dez vezes maiores; eles são do tamanho que realmente têm. Para nos restringirmos ao mais elementar, a dominação e a *destruição* em curso *da natureza* devem tornar palpavelmente claro que *há um limite para tudo.* E os limites absolutos do capital demonstram sua insustentabilidade em nosso tempo não apenas em relação a essa questão, mas em diversos outros pontos.

Nenhum Estado ideal ou utópico pode ser vislumbrado sob a urgência do tempo. O anseio por soluções ideais constantemente recorrentes no passado pode nos dizer algo irreprimível sobre as legítimas aspirações da humanidade. Mas elas precisam ser estabelecidas sobre bases mais seguras.

Apesar das acusações distorcidas, nenhuma reivindicação ideal irrealizável está envolvida na defesa da necessária alternativa socialista. Aquilo

112 *A montanha que devemos conquistar*

pelo que essa alternativa clama é a exigência tangível de *sustentabilidade histórica*. E isso também é oferecido como o *critério* e a *medida* de seu sucesso viável. Em outras palavras, o teste de validade em si é definido em termos da viabilidade histórica e sustentabilidade prática, *ou não*, como pode ser o caso.

Naturalmente, nenhuma ordem sociometabólica pode funcionar sem seus princípios orientadores. De fato, sua sustentabilidade histórica depende da *viabilidade prática* de seus *princípios orientadores rivalizantes*. Eis porque a ordem socialista só pode ser vislumbrada sobre a base material da apropriação *racionalmente planejada* e determinada do *trabalho excedente* produzido por *todos e cada um* dos indivíduos *livremente associados* da sociedade, que realizam e *satisfazem suas aspirações* no espírito anteriormente discutido do seu *tempo disponível*, com base em sua *igualdade substantiva*, em plena *solidariedade* uns com os outros e com as suas *aspirações socialmente compartilhadas*.

Isso é o que torna viável a *conquista* da montanha que *devemos* escalar.

Apêndice 1
COMO PODERIA O ESTADO FENECER?[*]

A história dos Estados pós-capitalistas, em agudo contraste com as expectativas originais, nos confronta com alguns pesados problemas que podem ser resumidos como se segue:

1) Reconhecer que não houve sinais de "fenecimento" do Estado significa nada além de uma subestimação evasiva da realidade, pois os acontecimentos reais não apenas não corresponderam às expectativas como se moveram na direção oposta, fortalecendo maciçamente o poder do político sobre (e contra) o corpo social. A antecipada curta duração da fase histórica da ditadura do proletariado, seguida de um processo sustentado de "fenecimento" – até o ponto da retenção das funções puramente administrativas –, não se materializou. Ao contrário, o Estado assumiu o controle sobre todas as facetas da vida social, e a ditadura do proletariado foi promovida ao *status* de ser a forma política permanente de *todo* o período histórico de transição.

2) Para agravar as coisas, o próprio Estado capitalista – contrariando novamente as expectativas – não se tornou um Estado extremamente autoritário: o tipo fascista de formação estatal permaneceu episódico na história do capitalismo até o presente. Se não se deve subestimar o perigo de ditaduras de direita como soluções a períodos de crise

---

[*] Esta é uma versão revisada do capítulo 13 de *Para além do capital,* cit., p. 561-602, incluído neste volume, a pedido do autor, por ser parte essencial de seu argumento também na presente reflexão. (N. E.)

aguda, tais soluções, apesar disso, parecem estar em grave desacordo com as exigências objetivas do processo capitalista de produção e circulação em suas fases relativamente tranquilas de desenvolvimento. A "sociedade civil", há muito estabelecida e articulada ao redor do poder econômico estruturalmente arraigado dos capitais privados em competição, assegura e preserva a dominação capitalista do Estado político e, por meio dele, da sociedade como um todo. Qualquer reversão de tais relações de poder em favor do Estado autoritário em período de crise aguda é, na verdade, uma faca de dois gumes, que tanto ameaça quanto defende a ordem estabelecida ao romper o mecanismo *normal* de dominação estrutural e colocar em jogo a colisão frontal das forças antagônicas no lugar da esmagadora inércia da situação anteriormente aceita. A relação normalmente prevalecente entre "sociedade civil" e Estado político amplia em muito o poder ideológico de mistificação do Estado político burguês – por se apresentar como o modelo insuperável de não interferência e liberdade individual – e, por meio de sua própria inércia, constitui um obstáculo material paralisante a qualquer estratégia de transição. Impõe ao seu adversário socialista o imperativo de prometer "liberdade da dominação do Estado" em futuro próximo, apesar de, na verdade, o poder socialista sustentado do Estado pós-capitalista (cujas modalidades estão muito longe de terem sido sequer tocadas, para não dizer completamente exauridas, por referências sumárias à "ditadura do proletariado") contra a "sociedade civil" herdada, estruturalmente capitalista, ser uma condição *sine qua non* da mudança estrutural necessária.

3) Declarar que "agir no interior de formas políticas pertence à velha sociedade" (em vista da continuidade da existência de uma esfera política separada) é tão verdadeiro em suas perspectivas últimas quanto inadequado para os problemas de transição. Já que o *ato* de libertação não pode ser separado do *processo* de libertação, e desde que o Estado político, apesar de condicionado, é também e simultaneamente um fator condicionante vital, a emancipação socialista da sociedade da regência opressiva da esfera política necessariamente pressupõe a transformação radical da política propriamente dita. Isso significa que a pretendida transcendência do Estado apenas pode ser realizada por meio da instrumentalidade pesadamente condicionante do próprio

Apêndice 1 – Como poderia o Estado fenecer? 115

Estado. Se este é o caso – e na verdade o é –, como poderemos escapar do círculo vicioso? Pois, mesmo que seja um consenso que o Estado político em suas características essenciais pertence à velha sociedade, a questão permanece: como transformar o Estado herdado em uma genuína formação *transicional* da estrutura que se tornou abrangente e necessariamente *autoperpetuante* no processo do desenvolvimento capitalista? Sem uma identificação realista das mediações teóricas necessárias e as forças materiais/sociais envolvidas em tal mudança transicional, o programa de abolir a política pela reorientação socialista da política está destinado a ser muito problemático.

4) Questionar a validade do marxismo devido à sua concepção do Estado é uma questão de grandes implicações. Mas isso de modo algum é comparável às disputas periféricas e tendenciosamente explicadoras do óbvio, ou seja, o fato de terem as revoluções socialistas irrompido em países capitalistas subdesenvolvidos em vez de nos desenvolvidos. Como argumentei em meu *Para além do capital**, a ideia de Marx de "desenvolvimento desigual" poderia dar conta de discrepâncias a esse respeito. E, de todo modo, sua teoria se preocupava primariamente com a evidente necessidade de revoluções socialistas, e não com as circunstâncias e as modalidades inevitavelmente alteradas em seu desdobramento prático. De outro lado, fosse inválida a teoria marxiana do Estado, o marxismo como um todo se tornaria completamente insustentável, em vista da centralidade de sua crença na reciprocidade dialética entre base e superestrutura, entre as fundações materiais da sociedade e sua esfera política. (É precisamente nesse sentido que a denominada "crise do marxismo" tem sido repetidamente interpretada no passado recente, saltando de um pânico apressado para conclusões apriorísticas a partir da mera asserção da crise, em vez de enfrentar seus elementos de uma perspectiva positiva.) O que torna a questão particularmente aguda, neste momento crítico da história, é que ela carrega implicações políticas *diretas* para as estratégias de todos os movimentos socialistas existentes, tanto no Ocidente como no Oriente. Nesse sentido, não é apenas o valor heurístico da teoria social que se coloca em questão, mas algo incomparavelmente mais tangível e imediato. É por isso que hoje se torna inevitável um exame

---

* São Paulo, Boitempo, 2002, cap. 12. (N. E.)

116 *A montanha que devemos conquistar*

cuidadoso da teoria marxiana do Estado, à luz dos desenvolvimentos pós-revolucionários.

1. Os limites da ação política

A concepção de política mais antiga de Marx foi articulada na forma de uma tripla negação, visando colocar em perspectiva as potencialidades e limitações do modo político de ação. Compreensivelmente, dadas as circunstâncias do que ele chamou "miséria alemã", a ênfase tinha de ser colocada na severidade de tais limitações. Nesse aspecto, apesar de todas as mudanças surgidas nos escritos posteriores de Marx, a definição predominantemente negativa de política permaneceu um tema central de sua obra até o fim de sua vida.

A negação de Marx foi dirigida a três objetos claramente identificáveis, e as conclusões derivadas de suas avaliações fundem-se no imperativo[1] de identificar os elementos constitutivos de um modo de ação social radicalmente diferente.

- O primeiro objeto de sua crítica foi o próprio subdesenvolvimento alemão, e a vacuidade de uma ação política sob os limites de um capitalismo semifeudal: um mundo situado, em termos do calendário político francês, bem antes de 1789, segundo ele.

- Seu segundo objeto de negação foi a filosofia política de Hegel, que elevou ao nível de "ciência" as ilusões de produzir uma mudança muito necessária, enquanto permanecia de fato nos limites da matriz política anacrônica.

- E, finalmente, o terceiro alvo do ataque de Marx eram as limitações até mesmo da política francesa, mais avançada, que apesar de ser "contemporânea" do presente, em termos estritamente políticos, era, todavia, desesperadamente inadequada para o imperativo de uma transformação social radical, sob as condições de um antagonismo social crescente.

---

[1] Marx falou até mesmo de um "imperativo categórico", no contexto da discussão do sujeito social – o proletariado –, que considerou não apenas adequado como necessário à tarefa de uma mudança estrutural. Ver sua *Crítica da filosofia do direito de Hegel* (trad. Rubens Enderle e Leonardo de Deus, São Paulo, Boitempo, 2005).

Assim, a lógica interna da avaliação crítica de Marx das limitações políticas da *Alemanha* impulsionou-o, desde sua primeira postura crítica e rejeição simples das restrições políticas locais, a um questionamento radical da natureza e dos limites inerentes à *ação política propriamente dita*. Por essa razão, era necessária uma ruptura com seus primeiros camaradas políticos já num estágio inicial de seu desenvolvimento. Para eles, a crítica de Hegel apenas tornaria a política alemã um pouco mais "contemporânea do presente". Em contraposição, para Marx era apenas o preâmbulo de um modo muito diferente de ação política que se iniciava pela rejeição consciente das determinações mutiladoras da ação social pela necessária unidimensionalidade de *toda política* "propriamente dita". A tarefa de compreender a "anatomia da sociedade burguesa" – pela avaliação crítica da economia política – era o próximo passo lógico, no qual a contrapartida positiva à sua tripla negação tinha de estar situada num plano material. Isso para evitar as ilusões, não apenas de Hegel e seus epígonos, mas também dos socialistas franceses contemporâneos, que tentaram impor sua visão política restrita como orientação ao movimento emergente da classe trabalhadora.

Falando da predisposição política de seus camaradas socialistas, Marx reclamou que

> até os políticos radicais e revolucionários já não procuram o fundamento do mal na *essência do Estado*, mas numa determinada *forma de Estado*, no lugar da qual eles querem colocar outra forma de Estado. Do ponto de vista político, o *Estado* e o sistema de sociedade não são duas coisas diferentes. *O Estado é o sistema de sociedade.*[2]

Para Marx era imperativo *sair* do "ponto de vista político" para poder ser verdadeiramente crítico do Estado. Ele insistiu que

> quanto mais poderoso é o Estado e, portanto, quanto mais *político* é um país, tanto menos está disposto a procurar no princípio do Estado, portanto, *no atual ordenamento* da sociedade, do qual o Estado é a expressão ativa, autoconsciente e oficial, o fundamento dos males *sociais* e compreender-lhes o princípio geral. O intelecto político é político exatamente na medida em que pensa *dentro* dos limites da política. Quanto mais agudo ele é, quanto

---

[2] Karl Marx, "Critical Marginal Notes on an Article by a Prussian", em MECW (1975), v. 3, p. 197 [ed. bras.: "Glosas críticas marginais ao artigo 'O rei da Prússia e a reforma social. De um prussiano'", *Práxis*, trad. Ivo Tonet, Belo Horizonte, n. 5, out.-dez. 1995, p. 79-80].

118 *A montanha que devemos conquistar*

mais vivo, tanto *menos é capaz* de compreender os males *sociais*. O período clássico do intelecto político é a Revolução Francesa. Bem longe de descobrir no princípio do Estado a fonte dos males sociais, os heróis da Revolução Francesa descobriram antes nos males sociais a fonte das más condições políticas. Desse modo, Robespierre vê na grande miséria e na grande riqueza um obstáculo à democracia pura. Por isso, ele quer estabelecer uma frugalidade espartana geral. O princípio da política é a *vontade*. Quanto mais unilateral, isto é, quanto mais perfeito é o intelecto político, tanto mais ele crê na onipotência da vontade e tanto mais é cego diante dos limites naturais e espirituais da vontade e, consequentemente, tanto mais é incapaz de descobrir a fonte dos males sociais.[3]

Política e *voluntarismo* estão, portanto, enredados um no outro, e a irrealidade de remédios políticos baseados no desejo emana do "substitucionismo" inerente à política enquanto tal: seu *modus operandi* necessário, que consiste em assumir, ela própria, o *social*, negando a ele, assim, qualquer ação reparadora que não possa estar contida em sua própria estrutura – auto-orientada e autoperpetuante. Dentro dos limites da política, a oposição ao "substitucionismo" de Stalin, que advoga a substituição de um "burocrata" por um "líder político iluminado", ainda que bem-intencionado, é outra forma de voluntarismo político. Segundo Marx, a questão é qual categoria é de fato abrangente, a política ou a social? A política, dada a forma como se constitui, não pode evitar a substituição da autêntica universalidade da sociedade por sua própria parcialidade, impondo assim seus próprios interesses sobre os dos indivíduos sociais, e apropriando-se, para si própria, do poder de arbitrar, os interesses parciais conflitantes em nome de sua universalidade usurpada.

Política não substitucionista, portanto, implicaria toda uma ordem de mediações sociais – e, claro, a existência de forças sociais/materiais correspondentes –, o que para nós representa um agudo problema, mas que estava ausente do horizonte histórico dentro do qual Marx situou-se durante toda a sua vida. Daí a manutenção da definição predominantemente negativa da política, inclusive em seus últimos escritos, apesar de sua sóbria apreciação do envolvimento necessário na política (opondo-se ao "abstencionismo"[4]

---

[3] Ibidem, p. 199 [ed. bras.: p. 81-2]. Pode-se ver aqui muito claramente com quanta força Marx se opõe a qualquer posição mecanicista e reducionista.

[4] Ver Karl Marx e Friedrich Engels, "Fictitious Splits in the International: Circular from the International Working Men's Association", jan.-mar. 1872, em Institute

Apêndice 1 – Como poderia o Estado fenecer? 119

e à "indiferença à política"[5]), seja para os propósitos de negação, seja para agir, mesmo após a conquista do poder, "dentro das formas antigas". Marx percebeu que a contradição entre o social e o político seria inconciliável. Dado o caráter antagônico da própria base social, perpetuada como tal pela estrutura política, o Estado seria irredimível e, portanto, descartado, pois

> diante das consequências que brotam da natureza associal dessa vida civil, dessa propriedade privada, desse comércio, dessa indústria, dessa rapina recíproca das diferentes esferas civis, diante de tais consequências, a impotência é a lei natural da administração. Com efeito, essa fragmentação, essa infâmia, essa escravidão da sociedade civil são o fundamento natural onde se apoia o Estado moderno, assim como a sociedade civil da escravidão era o fundamento no qual se apoiava o Estado antigo. A *existência do Estado* e a existência da *escravidão* são inseparáveis. [...] Se ele [o Estado moderno] quisesse eliminar a vida privada, deveria *eliminar a si mesmo*, uma vez que ele só existe como antítese desta.[6]

Assim, a ênfase na necessidade de abolir o Estado para resolver as contradições da sociedade civil articula-se à ideia de que o Estado e a política em geral, como os conhecemos, são, por sua própria natureza, incapazes de abolir a si mesmos.

O imperativo de abolir o Estado foi colocado em evidência, mas não em termos voluntaristas. Ao contrário, Marx nunca perdeu a oportunidade para reiterar a completa futilidade dos esforços voluntaristas. Para ele era claro, desde o início, que nenhum fator material pode ser "abolido" por *decreto*, incluindo o próprio Estado, um dos mais poderosos de todos os fatores materiais. Falando da tentativa da Revolução Francesa de abolir o pauperismo por decreto, pôs o foco nas limitações inevitáveis da política como tal: "Qual foi a consequência da determinação da Convenção? Que houvesse uma determinação a mais no mundo e que um ano depois mulheres esfomeadas cercassem a Convenção. E, no entanto, a Convenção era o máximo da energia política, da força política e do intelecto político"[7].

---

of Marxism-Leninism of the C.C., C.P.S.U. (1968), *The General Council of the First International 1871-1872: Minutes* (2. ed., Moscou, Progress, 1974), v. 5, p. 356-409.

[5] Ver Karl Marx, "Indifference to Politics", jan. 1873, em MECW (1988), v. 23.

[6] Idem, "Critical Marginal Notes on the Article by a Prussian", cit., p. 198 [ed. bras.: p. 80-1].

[7] Ibidem, p. 197 [ed. bras.: p. 79].

120 *A montanha que devemos conquistar*

Se o Estado era assim tão impotente diante dos problemas sociais tangíveis, cujo alegado controle constituía sua tênue legitimação, como se poderia conceber que confrontasse todo o peso de suas próprias contradições para abolir a si próprio no interesse do progresso social geral? E, se o próprio Estado não for capaz de realizar tal tarefa, qual força da sociedade terá condições de fazê-lo? Essas eram as questões que deveriam ser respondidas, uma vez que foram postas na agenda histórica pelo crescimento do próprio movimento socialista. As respostas amplamente diferentes que encontramos nos anais da época testemunham as estratégias qualitativamente diferentes daqueles que estavam engajados na luta.

2. Os principais traços da teoria política de Marx

No que se refere ao próprio Marx, a resposta fora substancial e claramente formulada no início da década de 1840, com repetidas advertências contra o voluntarismo e o dogmatismo, *leitmotifs* de sua visão política. Os principais pontos da resposta de Marx podem ser resumidos como se segue:

1) o Estado (e a política em geral, como um domínio separado) deve ser *transcendido* por meio de uma transformação radical de toda a sociedade, mas não pode ser *abolido* nem por decreto, nem por toda uma série de medidas político-administrativas;

2) a revolução que se aproxima não pode ser simplesmente uma revolução política; deve ser uma revolução *social* para não ficar aprisionada dentro dos limites do sistema autoperpetuador de exploração socioeconômica;

3) revoluções sociais buscam remover a contradição entre parcialidade e universalidade que as revoluções políticas do passado sempre reproduziram, submetendo a sociedade como um todo à regência da parcialidade política[8], no interesse das seções dominantes da "sociedade civil";

---

[8] "A Alemanha, vista como deficiência do presente político constituído em um mundo particular, não será capaz de se livrar das suas limitações especificamente alemãs sem se livrar das limitações *gerais* do seu presente *político*. Não é a revolução radical, a emancipação humana geral que constituem um sonho utópico para a Alemanha, mas,

Apêndice 1 – Como poderia o Estado fenecer? 121

4) o sujeito social da emancipação é o proletariado porque é forçado, pela maturação das contradições antagônicas do sistema do capital, a subverter a ordem social dominante, ao mesmo tempo que é incapaz de impor a si próprio como uma nova parcialidade dominante – uma classe dominante mantida pelo trabalho de outras – sobre toda a sociedade;

5) lutas políticas e socioeconômicas constituem uma unidade dialética, e, consequentemente, a negligência da dimensão socioeconômica despoja a política de sua realidade;

6) a ausência de condições objetivas para a implementação das medidas socialistas ironicamente pode apenas levar adiante as políticas dos adversários na eventualidade de uma conquista prematura do poder[9];

---

ao contrário, é a revolução *parcial*, meramente política, a revolução que deixa em pé os pilares da casa", Karl Marx, "Contribution to Critique of Hegel's Philosophy of Law. Introduction", em MECW (1975), v. 3, p. 184; aqui em tradução livre.

[9] Esse ponto é bem ilustrado pelo confronto entre Marx e Schapper: "Eu tenho sempre resistido às opiniões momentâneas do proletariado. Somos devotados a um partido que, *afortunadamente* para ele, ainda não pode chegar ao poder. Se o proletariado chegasse ao poder, as medidas que ele introduziria seriam pequeno-burguesas e não diretamente proletárias. Nosso partido pode chegar ao *poder* apenas quando as condições lhe permitirem colocar em prática *sua própria* visão. Louis Blanc é o melhor exemplo do que ocorre quando se chega prematuramente ao poder. Na França, além disso, não é apenas o proletariado que toma o poder, mas também os camponeses e a pequena-burguesia, tendo que levar adiante não as suas, mas as medidas *deles*", Karl Marx, "Meeting of the Central Authority", 15 set. 1850, em MECW (1978), v. 10, p. 628-9.

Esse sóbrio realismo não poderia ser mais contrastante com o voluntarismo bombástico de Schapper, que na mesma reunião diz: "A questão em exame é se nós próprios cortaremos algumas cabeças logo no início ou se serão nossas próprias cabeças que cairão. Na França, os trabalhadores chegarão ao poder e, portanto, também na Alemanha. Se este não fosse o caso, eu de fato iria para minha cama; caso no qual eu poderia gozar de uma posição material diferente. Se atingirmos o poder, poderemos tomar tais medidas, que são necessárias para assegurar o domínio do proletariado. Eu sou um apoiador fanático desta visão... Certamente serei guilhotinado na próxima revolução; apesar disso irei para a Alemanha [...]. Não compartilho a visão segundo a qual a burguesia na Alemanha tomará o poder, e neste ponto eu sou um entusiasta fanático – se não fosse não daria nenhum tostão por todo o assunto" (p. 628). Como podemos ver, Schapper (que morreu em idade avançada, deitado na própria cama) apoia sua concepção voluntarista de política dizendo e repetindo que ele "fanaticamente acredita" nela. Marx está certo em sublinhar, em oposição a Schapper e outros como ele, que "a revolução não é vista como o produto de *realidades* da situação, mas como resultado de um esforço de *vontade*. Quando teríamos de dizer aos trabalhadores: vocês

122 *A montanha que devemos conquistar*

7) a revolução social bem-sucedida não pode ser local ou nacional – apenas revoluções políticas podem se confinar a uma situação limitada, de acordo com sua própria parcialidade –, e sim *global/universal*, o que implica a transcendência necessária do Estado em escala *global*.

Os elementos dessa teoria constituem, claramente, um todo orgânico e não podem ser separados um a um, pois cada um se refere a todos os demais e só adquirem seu significado pleno graças a suas interconexões recíprocas. Isso é razoavelmente óbvio se consideramos os pontos 1, 2, 5, 6 e 7 juntos, já que tratam, todos, das inevitáveis condições objetivas de transformação social, concebida como uma complexa totalidade social com dinamismo interno próprio. Os pontos 3 e 4 são aqueles que não se encaixam, já que propor a resolução da contradição entre parcialidade e universalidade parece ser uma injustificada intrusão da lógica hegeliana no sistema de Marx, e o 4 é uma tradução imperativa dessa categoria lógica abstrata em uma entidade pseudoempírica.

É verdade que os adversários de Marx interpretaram sua teoria negando realidade objetiva ao conceito de proletariado e "invalidando" sua teoria como um todo devido a essa "inverificabilidade" etc. Contudo, o procedimento de Marx é perfeitamente legítimo, mesmo que a conexão com Hegel não possa – nem deva – ser negada. A similaridade entre a "classe universal" de Hegel (a burocracia idealizada) e o proletariado de Marx é, no entanto, superficial, porque seus discursos pertencem a universos completamente diferentes. Hegel deseja preservar (de fato, glorificar) o Estado, inventando a classe burocrática "universal" como um *Sollen* quintessencial (um "dever ser"); esta cumpre a função de conciliar as contradições dos interesses em guerra ao preservá-los, protegendo e assegurando desse modo a permanência da estrutura estabelecida da sociedade em sua forma antagônica. Marx, em completo contraste, está preocupado com a *transcendência* do Estado e da política como tal, iden-

---

têm quinze, vinte, cinquenta anos de guerra civil pela frente para alterar a situação e a *treinar* vocês mesmos para o *exercício do poder*, se diz: devemos tomar o poder *imediatamente*, ou então voltar para nossas camas. Tal como os democratas abusaram da palavra 'povo', agora a palavra 'proletariado' tem sido usada como uma mera frase. Para tornar esta frase efetiva será necessário descrever todos os pequeno-burgueses como proletários e consequentemente representar na prática a pequena burguesia e não os proletários. O processo revolucionário *real* teria de ser substituído por *lemas* revolucionários. Este debate finalmente tornou claras as diferenças em princípio que estão por trás do choque de personalidades" (p. 626-7).

Apêndice 1 – Como poderia o Estado fenecer? 123

tificando a paradoxal universalidade do proletariado (uma universalidade ainda-não-dada, ainda-para-ser-realizada) como uma *parcialidade* que necessariamente se *autoextingue*.

Assim, enquanto a "classe universal" fictícia de Hegel é uma entidade *sem classe* (e, como tal, uma contradição em termos), o proletariado de Marx é completamente "conforme à classe" (e, nesse sentido, inevitavelmente parcial) e real. Em sua "tarefa histórica", tem uma *função* universalizante e objetivamente fundada. Ao mesmo tempo, sua parcialidade é também única, já que não pode ser convertida em uma condição *de domínio exclusivo* da sociedade. Consequentemente, para "dominar", o proletariado deve generalizar sua própria condição de existência: a saber, a incapacidade de dominar, como uma parcialidade, às expensas de outros grupos sociais e classes. (Obviamente, isso está em contraste total com a burguesia e outras classes dominantes que no passado dominaram precisamente ao excluir e subjugar outras classes.) É nesse sentido que a "ausência do caráter de classe" [*classlessness*] – o estabelecimento de uma sociedade sem classes – está ligada ao peculiar domínio de classe "da parcialidade que se autoextingue", cuja medida de sucesso é a generalização de um modo de existência totalmente incompatível com o domínio de classe (exclusivamente a favor de si mesma).

O domínio da parcialidade sobre a sociedade como um todo é sempre sustentado pela política como o complemento necessário à iniquidade das relações materiais de poder estabelecidas. Isso explica a impossibilidade de a sociedade emancipar-se do domínio da parcialidade sem transcender radicalmente a política e o Estado. Em outras palavras, se age *politicamente*, o proletariado permanece na órbita da parcialidade (com sérias implicações para o próprio proletariado, que é necessariamente afetado pelo domínio de sua própria parcialidade), enquanto a realização da revolução *social* advogada por Marx envolve inúmeros outros fatores, muito além do nível político, com a maturação das condições objetivas relevantes.

Naturalmente, o proletariado, enquanto existir, estará situado, em qualquer ponto particular da história, numa distância maior ou menor da realização de sua "tarefa histórica"; a avaliação da composição sociológica variável da classe, de sua relação com outras forças, junto a suas realizações e seus fracassos relativos etc., exige investigações detalhadas segundo circunstâncias específicas. No presente contexto, é necessário simplesmente reforçar as ligações que não podem ser rompidas entre os pontos 3 e 4 elencados anteriormente e o restante da teoria política de

124 *A montanha que devemos conquistar*

Marx. Por um lado, é precisamente sua categoria de universalidade objetivamente fundada que coloca a política em perspectiva: por se mover "para fora" da política (o que significa para além das restrições impostas pelo "pensar no interior da estrutura da política"). Isso deve ser feito para se ter a capacidade de *negar* a parcialidade crônica da política; e deve-se fazê-lo não em âmbito lógico-metafísico abstrato, mas a partir da única e exclusiva universalidade não fictícia (que não tem o caráter de um *Sollen*), isto é, do *metabolismo* fundamental da sociedade, o *social*. (Tal compreensão da universalidade é tanto histórica como trans-histórica, na medida em que sublinha as condições necessariamente mutáveis do sociometabolismo, enquanto indica também os limites além dos quais mesmo os meios e modos mais poderosos desse metabolismo – capital, por exemplo – perdem sua vitalidade e justificação histórica.) Por outro lado, o proletariado, como uma realidade socioeconômica real, era, bem antes de Marx, um dos principais atores no cenário histórico que demonstrou sua habilidade em gravitar para uma "revolução no interior da revolução" já na sequência imediata de 1789, ao tentar adquirir um papel independente em seu próprio interesse, contrastando com sua posição até então subordinada no interior do Terceiro Estado. Desse modo, já em 1792, nega o marco político recentemente conquistado, no exato momento de seu nascimento, como observou com perspicácia Pierre Barnave do ponto de vista da ordem burguesa emergente. Nesse sentido, negar a realidade do proletariado é um curioso passatempo do século XX.

• O fato de Marx ter associado teoricamente o proletariado à necessidade da revolução *social* e à condição de universalidade não era uma exigência funcional dúbia de um sistema ainda dependente de Hegel, mas uma profunda percepção do novo caráter histórico-mundial do antagonismo social entre capital e trabalho. A progressão das trocas entre tribos locais até a história mundial, da ação confinada a uma esfera extremamente limitada até outra que reverbera através do mundo, não é uma questão de transformações conceituais; antes, diz respeito ao desenvolvimento real e à integração recíproca de estruturas cada vez mais abrangentes e complexas. Essa é a razão pela qual soluções de tipo parcial – que são perfeitamente possíveis, na verdade inevitáveis, em estágios anteriores – no curso do desenvolvimento histórico-mundial devem ser substituídas por outras cada vez mais abrangentes, com uma tendência última para soluções "hegemônicas"

Apêndice 1 – *Como poderia o Estado fenecer?* 125

e para a universalidade. A caracterização que Marx faz do proletariado, portanto, reflete e articula a mais elevada intensidade de confrontos hegemônicos com a impossibilidade histórica de soluções parciais em estágios determinados dos desenvolvimentos capitalistas e globais.

• Mesmo que de forma mistificada, a teoria de Hegel incorpora essa problemática. Ele reconhece plenamente o imperativo de uma solução "universal" que deveria superar as colisões das parcialidades em guerra. Todavia, é graças ao "ponto de vista da economia política" (isto é, o ponto de vista do capital), compartilhado com seus grandes antecessores ingleses e escoceses, que Hegel foi forçado a transubstanciar os elementos percebidos de uma realidade inerentemente contraditória na figura-fantasia, "universalmente" reconciliatória e pseudoempírica, do altruísta burocrata-estatal. Mas mesmo tais mistificações não podem obliterar as realizações de Hegel, devido às quais ele se encontra num nível de teorização política qualitativamente superior ao de qualquer outro antes de Marx, inclusive Rousseau. Aqueles que tentaram condenar Marx (e que também tentavam censurar sua obra) pelo seu alegado "hegelianismo", ao mesmo tempo que glorificavam Rousseau, esquecem-se de que, em comparação com o paradigma do *imperativo categórico* da "vontade geral" deste, é a objetividade que, apesar de seu subjetivismo preconceituoso, impulsiona Hegel em sua tentativa de dar corpo à categoria de universalidade política sob a forma de uma força social real. Por mais desanimada e contraditória que tenha sido, essa tentativa hegeliana de circunscrever sociologicamente a vontade política foi um sinal dos tempos e como tal refletia um desafio histórico objetivo, representando um enorme avanço na direção correta.

• Retornando aos principais aspectos da teoria política de Marx tomada no seu todo, torna-se claro que nenhum dos outros pontos faz sentido se o sujeito social da transformação revolucionária for abandonado. Pois o que poderá significar um Estado que pode apenas ser "transcendido" e não "abolido" (tanto em uma situação nacional limitada como em uma escala global) se não houver força social que deseje e seja capaz de empreender essa tarefa? O mesmo se dá com todos os outros pontos. A distinção entre revolução social e política tem algum conteúdo apenas se um sujeito, ou sujeitos, socialmente existente possa *realmente* conferir a ela sentido, por meio dos objetivos precisos e das estratégias de sua ação e por intermédio da nova ordem social que emerge dessa

126 *A montanha que devemos conquistar*

ação. Do mesmo modo, é impossível predicar uma reciprocidade íntima abrangente entre política e economia antes de um estágio razoavelmente avançado do desenvolvimento econômico/social; isso pressupõe que as principais forças da sociedade estejam recíproca e realmente engajadas numa confrontação inextrincavelmente política tanto quanto econômica. Do mesmo modo, as revoluções são "prematuras" ou "atrasadas" apenas em termos da dinâmica específica dos sujeitos em questão, definidas por referência ao alcance das circunstâncias objetivas e às exigências enormemente variáveis da ação consciente. As revoluções camponesas do passado, por exemplo, foram definidas como "prematuras" não apenas devido a algum engajamento voluntarista em confrontações violentas, mas, ao contrário, em vista da assombrosa insuficiência *crônica* de seu sujeito em relação ao seu próprio objetivo: algum tipo de "conspiração histórica das circunstâncias" que impôs às massas camponesas o destino de lutar pela causa de outros – e mesmo de vencê-las em algumas ocasiões – enquanto sofriam pesadas derrotas para si mesmas. Por outro lado, várias revoluções coloniais, nos anos do pós-guerra, parecem ser "atrasadas" mesmo quando "prematuras", e são derrotadas mesmo quando parecem vitoriosas, pois sob as relações de força historicamente constituídas e ainda dominantes o sujeito revolucionário "subdesenvolvido" é definido pela sua dependência maciça das estruturas herdadas do "neocolonialismo" e do "neocapitalismo".

• Naturalmente, as interconexões que acabamos de ver são não menos evidentes no sentido inverso. Isso porque o "proletariado", como um conceito vital da teoria de Marx, deriva seu significado precisamente daquelas condições e determinações objetivas que são articuladas, com base na realidade social dinâmica que refletem, aos pontos brevemente resumidos algumas páginas atrás. Sem eles, as referências ao proletariado significam nada mais que "lemas" vazios, tão desdenhosamente condenados por Marx em sua polêmica contra Schapper e outros[10].

Portanto, a transcendência do Estado e quem a desencadeia, o proletariado (ou, para utilizar um termo teoricamente mais preciso: o trabalho, o antagonista estrutural do capital), estão inseparavelmente interligados e constituem o ponto central da teoria política de Marx. Não há qualquer romantismo em sublinhar sua importância desse modo:

---

[10] Ver, a respeito, István Mészáros, *Para além do capital*, cit., p. 517, nota 10.

apenas um alerta destinado àqueles que querem expurgá-lo da estrutura conceitual de Marx, que deveriam perceber quanta coisa mais – de fato quase todo o resto – teria de ser jogada ao mar com eles.

3. Revolução social e voluntarismo político

É inquestionável a validade fundamental da abordagem de Marx sobre a política no que diz respeito aos *parâmetros absolutos* – os critérios *últimos* – que definem e circunscrevem estritamente seu papel na totalidade das atividades humanas. As dificuldades estão em outro lugar, como veremos mais à frente. O núcleo da concepção política de Marx – a asserção de que a política (com ênfase particular na versão associada ao Estado moderno) *usurpa* o poder social de decisão que ela *substitui* – é e permanece completamente inatacável, pois abandonar a ideia segundo a qual a política socialista deve se preocupar, em todos os passos, mesmo nos menores, com a tarefa de *restituir* ao corpo social os poderes usurpados inevitavelmente despoja a política de transição de sua orientação e de sua legitimação estratégicas, e assim necessariamente *reproduz*, de uma nova forma, o "substitucionismo burocrático" herdado, em vez de recriá-lo, com base em algum místico "culto à personalidade". Consequentemente, a política socialista ou segue o caminho aberto por Marx – *do substitucionismo à restituição* – ou deixa de ser política socialista e, em lugar de "abolir a si própria" no processo, transforma-se em autoperpetuação autoritária.

É verdade que há muitas questões e muitos dilemas não respondidos que devem ser examinados em seu contexto adequado. Nessa medida, será particularmente importante avaliar em que extensão e de que modo as condições históricas cambiantes, assim como as agudas pressões do antagonismo social em desdobramento, podem modificar de maneira significativa a estratégia política marxista sem destruir seu núcleo. Mas, antes que possamos nos voltar para essas questões, é necessário examinar mais de perto a relação de Marx com seus adversários políticos, uma vez que isso afetou a formulação de sua teoria do Estado.

Em agudo contraste com o "falso positivismo" de Hegel, Marx nunca deixou de realçar o caráter essencialmente *negativo* da política. Detendo esse caráter, a política é adequada para realizar as funções *destrutivas* da transformação social – tal como a "abolição da escravidão assalariada", a expropriação dos capitalistas, a dissolução dos parlamentos burgueses etc.,

128 *A montanha que devemos conquistar*

realizáveis todas por decreto –, mas não as tarefas *positivas*, que devem resultar da própria reestruturação do sociometabolismo. Devido à sua *parcialidade* intrínseca (outro modo de dizer "negativa"), a política não poderia deixar de ser o *meio* mais inadequado para servir à finalidade desejada. Ao mesmo tempo, a medida de aproximação dessa finalidade deveria ser precisamente o grau em que se poderiam descartar completamente os meios restritivos, de tal modo que os indivíduos sociais pudessem finalmente ser capazes de operar em relação direta uns com os outros, sem a intermediação mistificadora e restritiva "do manto da política".

Já que a subjetividade negadora da vontade, que corre solta na política, pode dizer "sim" apenas quando diz "não", a utilidade da política em si era considerada extremamente limitada mesmo após a conquista do poder. Não é surpreendente, desse modo, que a *Crítica do Programa de Gotha** esperasse dela, na sociedade de transição, não mais que uma intervenção negativa, demandando que agisse "desigualmente" a favor dos fracos, de tal modo que as piores desigualdades herdadas do passado pudessem ser removidas mais rapidamente. Pois, enquanto o socialismo exige a maior transformação *positiva* na história, a modalidade negativa da política (classe *contra* classe etc.) a faz, por si própria, completamente inadequada para essa tarefa.

Marx conceituou o modo de superar a relação problemática entre política e sociedade sobrepondo conscientemente à revolução política sua dimensão social oculta. Ele insistiu que,

> se uma *revolução social* com uma alma política é uma paráfrase ou um absurdo, uma revolução política com uma alma *social*, ao contrário, é racional. A revolução em geral – a *derrocada* do poder existente e a dissolução das velhas relações – é um *ato político*. Por isso, o socialismo não pode se efetivar sem a revolução. Ele tem necessidade deste ato político na medida em que tem necessidade da *destruição e da dissolução*. No entanto, tão logo tem início sua atividade *organizativa*, tão logo apareça seu *próprio objetivo*, sua alma, o socialismo se desembaraça de seu *revestimento político*.[11]

Dessa posição privilegiada em sua avaliação crítica de Proudhon e Stirner, Schapper e Willich, Lassalle e Liebknecht, Bakunin e seus associados, bem como dos autores do *Programa de Gotha*, Marx procedeu

---

* São Paulo, Boitempo, 2012. (N. E.)

[11] Karl Marx, "Critical Marginal Notes on the Article by a Prussian", cit., p. 206 [ed. bras.: p. 90-1].

ao estabelecimento dos contornos mais gerais de uma estratégia livre de elementos voluntaristas.

Para Marx, a necessidade da revolução não era nem um determinismo econômico (de que ele é frequentemente acusado) nem um ato soberano de vontade política arbitrária (de que, curiosamente, ele também é acusado). Aqueles que o julgam nesses termos apenas provam que são, eles próprios, incapazes de pensar sem o esquematismo pré-fabricado de falsas alternativas. Para Marx, a revolução social corresponde a algumas funções determinadas. Ela deve emergir com base em algumas condições objetivas (que constituem seus pré-requisitos necessários), de modo a ir muito além delas no curso de seu desenvolvimento, transformando radicalmente tanto as circunstâncias como o povo envolvido na ação. Considerando-se as teorias pré-revolucionárias do voluntarismo anarquista ou mesmo suas práticas, igualmente arbitrárias e muito mais danosas, reducionistas e substitucionistas do "burocratismo" pós-revolucionário, foram precisamente essa objetividade e essa complexidade dialéticas da revolução social que desapareceram por meio de sua redução procustiana a ato político unidimensional.

A primeira questão, portanto, diz respeito à compreensão da natureza tanto da revolução social como de seu sujeito. Bakunin concebeu este último como um

> Estado geral revolucionário composto de indivíduos devotados, enérgicos e inteligentes [...]. O número desses indivíduos não deveria ser muito grande. Para a organização internacional de toda a Europa, *uma centena* de revolucionários séria e firmemente unida seria suficiente.[12]

A esse mito do "Estado geral revolucionário" corresponderia, naturalmente, uma concepção mítica da própria revolução, bem como de suas massas. Da revolução dizia-se estar "lentamente amadurecendo na *consciência instintiva* das massas populares" (não nas condições objetivas da realidade social), e o papel das "massas instintivas" limitava-se a ser o "exército da revolução" (a "bucha de canhão", como Marx corretamente exclamou)[13]. A condenação por Marx de tais visões não poderia ter sido

---

[12] Citado em Karl Marx e Friedrich Engels, "The Alliance of Socialist Democracy and the International Working Men's Association", abr.-jul. 1873, em MECW (1988), v. 23, p. 469-70.

[13] Idem.

130 *A montanha que devemos conquistar*

mais cáustica: "ele não compreende absolutamente nada de revolução social, apenas de sua retórica política; as condições econômicas simplesmente não existem para ele [...]. O poder da vontade, não as condições econômicas, é a base da sua revolução social"[14]. Marx tachou as visões de Bakunin de "asneiras de colegial" e reiterou que

uma revolução social radical está associada às condições históricas definidas de desenvolvimento econômico; estas são suas premissas. É possível, portanto, apenas onde o proletariado industrial, ao lado da produção industrial capitalista, reúna, pelo menos, uma fração importante das massas do povo. E para ter qualquer chance de vitória deve ser capaz, *mutatis mutandis*, de fazer diretamente pelos camponeses no mínimo tanto quanto fez a burguesia francesa, na sua revolução, para o campesinato francês. É uma ideia maravilhosa imaginar que o regime dos trabalhadores implica a opressão do trabalho rural.[15]

* * *

As DETERMINAÇÕES objetivas multidimensionais da revolução social, que prenunciam uma escala de tempo longa ("quinze, vinte, cinquenta anos", como Marx colocou, contra as românticas fantasias de Schapper), também implicavam a necessidade de novos levantes e a impraticabilidade de acomodações. Pois,

1) dado o patamar social historicamente alcançado do antagonismo entre capital e trabalho, não há possibilidade de "emancipação parcial" e "libertação gradual"[16];

2) a classe dominante tem muito a perder; não irá ceder por sua própria vontade; deve ser derrubada por uma revolução[17];

3) a revolução não pode ter sucesso em uma base estreita; requer a "produção em uma *escala de massa*" *da consciência revolucionária*, de tal modo que a classe revolucionária como um todo possa ter "sucesso

---

[14] Karl Marx, "Notes on Bakunin's Statehood and Anarchy", dez. 1874-jan. 1875, em MECW (1989), v. 24, p. 518.

[15] Idem.

[16] Ver Karl Marx, "Contribution to Critique of Hegel's Philosophy of Law: Introduction", cit.

[17] Cf. Idem, *The German Ideology*, em MECW (1975), v. 5, p. 53 [ed. bras.: *A ideologia alemã*, São Paulo, Boitempo, 2007, p. 42].

Apêndice 1 – Como poderia o Estado fenecer? 131

em livrar-se de todo o esterco milenar e se tornar capaz de fundar uma sociedade nova" – o que é possível pela *prática* das transformações revolucionárias reais[18];

4) aprender como dominar dificuldades, responsabilidades, pressões e contradições do exercício do poder requer um envolvimento ativo no próprio processo revolucionário, numa escala de tempo dolorosamente ampla[19].

Como se pode ver, necessidade social no conceito marxiano não é um determinismo mecânico qualquer. Muito pelo contrário: trata-se de uma compreensão dialética do que necessita e pode ser realizado com base nas tendências da realidade objetivamente em desenvolvimento. Em si, ela é inseparável da consciência que se ajusta às condições cambiantes e às sóbrias lições do mundo que tenta transformar. As variedades do voluntarismo anarquista, de Proudhon a Bakunin[20], são diametralmente opostas a tal visão, já que são incapazes de compreender a pesada dimensão econômica da tarefa. Elas substituem as condições objetivas por suas imagens subjetivas de fervor pela agitação mesmo quando falam sobre a "força das circunstâncias". Marx, por outro lado, articula sua concepção em termos de uma escala completamente diferente, divisando para um longo tempo no futuro o papel de *oposição* para o movimento da classe trabalhadora antes que a questão do *governo* por fim emergisse[21].

Os limites intrínsecos das formas políticas (mesmo das mais avançadas), em contraste com a dimensão metabólica fundamental da revolução

---

[18] Cf. ibidem, p. 52-3 [ed. bras.: p. 43].

[19] Ver, a respeito, não apenas as polêmicas de Marx contra Schapper, mas também suas análises da Comuna de Paris de 1871 em *A guerra civil na França* (trad. Rubens Enderle, São Paulo, Boitempo, 2011).

[20] "O sr. Bakunin apenas traduziu as anarquias de Proudhon e Stirner para o idioma bárbaro dos tártaros", Karl Marx, "Notes on Bakunin's Statehood and Anarchy", cit., p. 521.

[21] "É evidente que uma sociedade secreta deste tipo, que visa formar não o partido do *governo* futuro, mas *o partido de oposição do futuro* teria pouca atração para indivíduos que, por um lado, velam por sua insignificância pessoal empertigando-se no manto teatral do conspirador e, por outro, desejam satisfazer suas estreitas ambições no *dia* da próxima revolução, e que desejam acima de tudo tornar-se importantes no momento, apanhar sua parcela dos ganhos de demagogia e serem bem-vindos entre os impostores e charlatães da democracia", Karl Marx, "Revelations Concerning the Communist Trial in Cologne", dez. 1852, em MECW (1979), v. 11, p. 449.

132 *A montanha que devemos conquistar*

social, são resumidos numa passagem-chave da análise de Marx da Comuna de Paris. Lê-se:

> Assim como a máquina e o parlamentarismo estatal não são a *vida real* das classes dominantes, mas apenas os órgãos gerais organizados de sua dominação – as garantias, formas e expressões políticas da velha ordem das coisas –, assim também a Comuna não consiste no *movimento social* da classe trabalhadora e, portanto, no movimento de uma regeneração geral do gênero humano, mas sim nos *meios* organizados de ação. A Comuna não elimina a luta de classes, através da qual as classes trabalhadoras realizam a abolição de todas as classes e, portanto, de toda [dominação de] classe (porque ela não representa um interesse particular, mas a liberação do "trabalho", isto é, a condição *fundamental e natural* da vida individual e social que apenas mediante *usurpação*, fraude e controles artificiais pode ser exercida por poucos sobre a maioria), mas ela fornece o meio racional em que essa luta de classe pode percorrer suas diferentes fases da maneira mais racional e humana possível.
> [...]
> As classes trabalhadoras sabem que têm de passar por diferentes fases da luta de classe. Sabem que a *substituição* das condições *econômicas* da escravidão do trabalho pelas condições do trabalho livre e associado só pode ser o *trabalho progressivo do tempo* (essa transformação econômica), que isso requer não apenas uma mudança da *distribuição*, mas uma nova organização da *produção* – ou, antes, requer a liberação (desobstrução) das formas sociais de produção no atual trabalho organizado (engendrado pela indústria atual), libertando-as dos grilhões da escravidão, de seu atual caráter de classe – e o estabelecimento de sua harmoniosa coordenação nacional e *internacional*. Elas sabem que essa obra de *regeneração* será continuamente atrasada e impedida pela resistência de direitos adquiridos e egoísmos de classe. Elas sabem que a atual "ação espontânea das leis naturais do capital e da propriedade fundiária" só pode dar lugar à "ação *espontânea* das leis da economia social do trabalho livre e associado" mediante um *longo processo* de desenvolvimento de novas condições, tal como ocorreu com a "ação espontânea das leis econômicas da escravidão" e com a "ação espontânea das leis econômicas da servidão". Mas elas sabem, ao mesmo tempo, que grandes passos podem ser dados desde já pela forma comunal de organização política e que é chegada a hora de iniciar esse movimento para elas mesmas e para o gênero humano.[22]

---

[22] Karl Marx, *A guerra civil na França*, cit., p. 131-2.

Com todas as suas imensas complicações, portanto, a primeira tarefa está apenas se *iniciando* ali onde o subjetivismo político imagina que as solucionou definitivamente.

A questão em jogo é a criação das "novas condições": a transcendência e a superação da "ação espontânea da lei natural do capital" – e não sua simples "abolição" política, que é inconcebível – e o desenvolvimento, que se arrasta por um longo tempo, de uma *nova espontaneidade*, "a ação espontânea das leis da economia social", como modo radicalmente reestruturado do novo sociometabolismo. A expressão "regeneração geral da humanidade" e "trabalho de regeneração", somada a uma repetida ênfase na necessidade de "fases diferentes" de desenvolvimento através de um "trabalho progressivo do tempo", indica claramente que, nesse aspecto, o poder da política deve ser muito limitado. Portanto, esperar a geração de uma nova espontaneidade (ou seja, uma forma de intercâmbio social e modo de atividade de vida que se torna uma "segunda natureza" para os produtores associados) por algum decreto político, mesmo que seja ele o mais esclarecido, é uma contradição em termos. Pois, enquanto a *distribuição* é imediatamente receptiva à mudança por decreto (e, mesmo assim, apenas em uma extensão estritamente limitada pelo nível de produtividade socialmente atingido), as condições materiais de *produção*, assim como sua organização hierárquica, permanecem, no dia seguinte à revolução, exatamente as mesmas que antes. É isso que, por um longo tempo, praticamente impossibilita aos trabalhadores tornarem-se "produtores livremente associados", tal como previsto antecipadamente, mesmo sob circunstâncias politicamente mais favoráveis.

Além disso, a limitação de que a "regeneração" socialista "da humanidade" exige também "harmoniosa coordenação nacional e internacional" coloca novamente a política em perspectiva, pois é da natureza do voluntarismo político deturpar também essa dimensão do problema, pois trata a não realização das exigências marxianas como uma deficiência simplesmente política pela qual suas próprias políticas não podem ser responsabilizadas. É a famosa "argumentação em círculo", com sua autojustificação automática, ao passo que, na verdade, a "harmoniosa coordenação nacional e internacional" se refere às condições vitais do próprio trabalho: o profundo inter-relacionamento das estruturas econômicas objetivas em escala global.

É essa, portanto, a verdadeira natureza do "trabalho de regeneração", a verdadeira magnitude de sua objetividade multidimensional.

134 A montanha que devemos conquistar

A dominação do capital sobre o trabalho é de caráter fundamentalmente *econômico*, não político. Tudo o que a política pode é fornecer as "garantias políticas" para a continuação da dominação já materialmente estabelecida e enraizada estruturalmente. Consequentemente, a dominação do capital não pode ser quebrada no nível da política, mas apenas as garantias de sua organização *formal*. Isso explica por que Marx, mesmo em suas referências mais positivas à estrutura política da Comuna de Paris, a define *negativamente* como "alavanca para *desarraigar* o fundamento econômico sobre o qual descansa a existência das classes e, por conseguinte, da dominação de classe", vendo a tarefa positiva "na emancipação econômica do trabalho"[23]. E, mais adiante, no mesmo trabalho, Marx compara a força pública organizada, o poder do Estado da sociedade burguesa a uma *máquina* política que perpetua pela força a escravidão social dos produtores de riqueza pelos seus apropriadores, a *dominação econômica do capital sobre o trabalho*:

> Seu caráter político mudou simultaneamente com as mudanças econômicas da sociedade. No mesmo passo em que o progresso da moderna indústria desenvolvia, ampliava e intensificava o antagonismo de classe entre o capital e o trabalho, o poder do Estado foi assumindo cada vez mais o caráter de poder nacional do capital sobre o trabalho, de uma força política organizada para a escravização social, de uma simples máquina do despotismo de classe.[24]

Novamente, fica bastante claro qual deveria ser o objetivo fundamental da transformação socialista.

Devemos sublinhar aqui que os adversários de Marx falharam completamente em compreender a necessária interligação entre *Estado, capital e trabalho*, e a existência de planos e dimensões absolutamente diferentes de mudança possível. Dada sua relação de autossustentação recíproca, Estado, capital e trabalho poderiam apenas ser eliminados simultaneamente, como resultado de uma transformação estrutural radical de todo o sociometabolismo. Nesse sentido, nenhum dos três poderia ser "derrubado nem abolido", mas apenas "transcendido e superado". Esse limite, por sua vez, necessariamente traz consigo a extrema complexidade e a temporalidade de longo prazo de tais transformações.

---

[23] Ibidem, p. 59.

[24] Ibidem, p. 182.

Ao mesmo tempo, todos os três têm uma dimensão imediatamente acessível à mudança, sem o que a própria ideia de uma transformação socialista seria nada mais que um sonho. Ela consiste na especificidade social de suas formas de existência historicamente prevalecentes, quer dizer, no nível atingido de concentração e centralização do capital ("monopólio/imperialista", "semifeudal", "colonial dependente", "subdesenvolvido", "orientado pelo complexo-industrial-militar", ou o que quer que seja); na correspondente variedade das formações estatais específicas (do Estado bonapartista à Rússia czarista logo antes da revolução, e dos Estados "liberais" que dirigem os impérios francês e britânico até o fascismo e até as variedades atuais de ditadura militar empenhadas no "desenvolvimento" neocapitalista, sob a tutela de nossas grandes democracias); e, finalmente, em todas as formas e configurações específicas através das quais o "trabalho assalariado", em íntima conjunção com a forma dominante de capital, redesenham as práticas produtivas de cada país, permitindo que o capital funcione como um sistema global verdadeiramente interligado.

Era nesse nível de especificidade sócio-histórica que se deveria ver, como um primeiro passo, a intervenção direta sob a forma "derrubada/abolição". Mas o sucesso dependia de compreender a dialética do historicamente específico com o trans-histórico, ligando o necessário primeiro passo do que poderia ser imediatamente derrubado com a tarefa *estratégica* de uma longa e sustentável "transcendência/superação" do próprio capital (e não apenas do capitalismo), do Estado em todas as suas formas (e não apenas do Estado capitalista) e da *divisão do trabalho* (e não apenas do trabalho assalariado). E, apesar de a revolução *política* poder ter sucesso nas tarefas imediatas, apenas a revolução *social* concebida por Marx – com seu "trabalho" positivo de "regeneração" – pode prometer realizações duradouras e transformações estruturais verdadeiramente irreversíveis.

4. Crítica da filosofia política de Hegel

O argumento definitivo de Bakunin em favor da abolição imediata do Estado era uma referência à natureza humana, a qual, alegava ele, é tentada pela existência do Estado a perpetuar o domínio da minoria privilegiada sobre a maioria. Desse modo curioso, o "anarquismo libertário"

136 *A montanha que devemos conquistar*

expôs sua ascendência liberal-burguesa, com todas as suas contradições.

Pois a teoria liberal do Estado foi fundada na contradição autoproclamada entre a presumida *harmonia* total das *finalidades* (as finalidades necessariamente desejadas pelos indivíduos, em virtude de sua "natureza humana") e a total *anarquia dos meios* (a escassez *necessária* de mercadorias e recursos, o que faz com que lutem e, por fim, destruam uns aos outros pelo *bellum omnium contra omnes*, a não ser que de algum modo eles tenham sucesso em estabelecer sobre e acima de si próprios uma força repressora *permanente*, o Estado burguês). Assim, *Deus ex machina*, o Estado foi inventado para transformar "anarquia em harmonia" (para harmonizar a anarquia dos meios com o postulado, que confunde realidade com desejo, da harmonia das finalidades), reconciliando o violento antagonismo dos dois fatores *naturais* – "natureza humana" e escassez material – graças à absoluta permanência de seu próprio "artifício", para utilizar uma expressão de Marx. O fato de que a "natureza humana" estipulada fosse somente um pressuposto egoísta e a "escassez" uma categoria inerentemente *histórica* tinha de permanecer oculto na teoria liberal sob as múltiplas camadas de *circularidade*. Foi esta última que permitiu aos representantes do liberalismo moverem-se com liberdade, para frente e para trás, e a partir das premissas arbitrárias, estabelecendo sobre os fundamentos apriorísticos de tal circularidade ideológica a "eterna legitimidade" do Estado liberal em direção às conclusões almejadas.

Bakunin, em sua própria versão da relação estipulada entre o Estado e a "natureza humana" arbitrariamente postulada, simplesmente inverteu a equação, alegando que a tendência *natural* à dominação de *classe* (que noção mais absurda!) desaparecerá, de algum modo misterioso, com a imediata abolição revolucionária por decreto do Estado. E, já que a política elitisticamente concebida do "Estado geral" continuou a ser a estrutura de referência do ato ilusório de autoabolição de Bakunin, que toma desejo por realidade, as referências à "natureza humana", mais uma vez, poderiam apenas servir ao propósito de legitimar a circularidade autoperpetuante da política.

Marx, em comparação, insistiu em que o ato político de decretar a autoabolição não é mais que uma autocontradição, já que apenas a radical reestruturação da *totalidade* da prática social pode atribuir à política um papel cada vez menor. Ao mesmo tempo, ele sublinhou que desafiar criticamente as concepções predominantes e arbitrárias de "natureza humana" – pois a "natureza humana" na realidade nada mais era que a "comunidade de homens"[25], o "conjunto das relações sociais"[26] – era uma condição elementar para escapar da camisa-de-força da circularidade política herdada.

* * *

NATURALMENTE, a circularidade em questão não era apenas um constructo filosófico mas, como veremos em um momento, o reflexo teórico da perversidade prática da autorreprodução política da sociedade de classes através dos tempos. É por isso que Marx a manteve à frente de suas preocupações também em sua *Crítica da filosofia do direito de Hegel*.

Comentando a definição de Hegel de monarquia ("O povo, sem seu monarca e sem a articulação do todo que precisamente por isso se relaciona com ele necessária e imediatamente, é a massa informe, que já não é um Estado"[27]), Marx escreveu:

> Tudo isso é uma tautologia. Se um povo tem um monarca e uma articulação necessária e diretamente relacionada com ele, quer dizer, se ele está organizado como monarquia, então ele, uma vez excluído dessa articulação, é uma massa informe e uma simples representação geral."[28]

Se um grande filósofo como Hegel incorre em tais violações da lógica, deve haver nisso mais que mera "confusão conceitual", esse *trouvaille* pseudoexplicatório da "filosofia analítica" que "explica" o que denomina "confusão conceitual", afirmando circularmente a presença da confusão conceitual.

---

[25] "Mas a *comunidade* da qual o trabalhador está isolado é uma comunidade cuja característica e abrangência são inteiramente diferentes das da comunidade *política*. Essa comunidade, da qual o trabalhador está separado pelo seu trabalho, é a própria vida, a vida física e espiritual, a moralidade humana, a atividade humana, o prazer humano, a essência humana. A essência humana é a verdadeira comunidade humana. E, assim como o desesperado isolamento dela é incomparavelmente mais universal, insuportável, pavoroso e contraditório do que o isolamento da comunidade política, assim também a supressão desse isolamento e até uma reação parcial, uma revolta contra ele, é tanto mais infinita quanto mais infinito é o homem em relação ao cidadão e a vida humana em relação à vida política", Karl Marx, "Critical Marginal Notes on the Article by a Prussian", cit., p. 204-5 [ed. bras.: p. 89].

[26] Cf. Karl Marx e Friedrich Engels, "Feuerbach", em *A ideologia alemã*, cit.

[27] G. W. F. Hegel citado em Karl Marx, *Crítica da filosofia do direito de Hegel*, cit., p. 49.

[28] Idem.

138   A montanha que devemos conquistar

De tautologia em tautologia, o salto de Hegel – da definição que acabamos de ver da monarquia para a determinação circular da esfera política, e da caracterização tautológica da "classe universal" para fornecer a "racionalidade do Estado" pela sua mera asserção – é um traço marcante, mas de modo algum exclusivo, de sua filosofia política. Sob tudo isso encontramos as determinações ideológicas que induzem a teoria liberal como um todo a inferir, a partir de premissas insustentáveis, as conclusões desejadas (e vice-versa), de modo a ser capaz de "eternizar" as relações de produção burguesas junto às suas correspondentes formações estatais.

O específico de Hegel foi que, vivendo em uma conjuntura histórica que exibia uma forma aguda de explosão dos antagonismos sociais – da Revolução Francesa às guerras napoleônicas e à aparição do movimento da classe trabalhadora como uma força hegemônica que visa seu próprio modo de controle sociometabólico como uma alternativa radical ao já existente –, ele tinha de enfrentar abertamente as muitas contradições que permaneceram ocultas de seus antecessores. Se Hegel foi mais inventivo em sua filosofia do que aqueles antecessores, foi porque, em larga medida, tinha de ser muito menos "inocente" na tentativa de abranger e integrar em seu sistema uma ordem muito maior de problemas e contradições com que eles nem sequer poderiam sonhar. Se, ao fim, ele só conseguiu realizá-lo de um modo lógico/abstrato, frequentemente circular/definicional e intelectualizado, isso se deveu primariamente aos tabus insuperáveis do "ponto de vista econômico--político" da burguesia. O que ele teve de pagar, por compartilhar esse ponto de vista, foi a fusão mistificadora das categorias da *lógica* com as características objetivas do *ser,* tentando conjurar o impossível, a saber, a "conciliação" final das contradições antagônicas da realidade sócio-histórica percebida.

* * *

A caracterização hegeliana da "classe universal" é um exemplo gráfico de tal circularidade e confusão ideológica. "O estamento universal, que se dedica mais de perto ao serviço do governo, tem imediatamente em sua determinação o universal como fim de sua atividade essencial"[29].

---

[29]   Ibidem, p. 119.

Pela mesma razão, a "classe não oficial", ao "renunciar a si própria", demonstra sua adaptabilidade para se encaixar no esquema hegeliano das coisas, de modo a adquirir um verdadeiro significado político. Mas, como Marx corretamente comenta, o ato político alegado da "classe não oficial" é uma "completa transubstanciação", pois

> nele, a sociedade civil deve separar-se de si completamente como sociedade civil, como estamento privado, e deve fazer valer uma parte de seu ser, aquela que não somente não tem nada em comum com a existência social real de seu ser, como antes a ele se opõe diretamente.[30]

Desse modo, a universalidade fictícia (pela essência estipulada) da "classe universal" traz com ela a redefinição igualmente dúbia das forças reais da "sociedade civil", de tal modo que as contradições do mundo social deveriam ser conciliadas, de acordo com a "Ideia", no domínio idealizado do Estado hegeliano.

Como afirma Marx, "A burocracia é um círculo do qual ninguém pode escapar"[31]. Isso porque ela constitui o centro operativo de um constructo circular que reproduz, ainda que de modo desnorteante, a perversidade real do mundo burguês. Ou seja, o Estado político, visto como uma abstração da "sociedade civil", não é uma invenção de Hegel, mas o resultado dos desenvolvimentos capitalistas. Nem "fragmentação", "atomismo", "parcialidade", "alienação" etc. são ficções da imaginação de Hegel, não importa o quanto ele as trate idealisticamente, mas características objetivas do universo social dominante, como é o desafio da "universalidade" anteriormente mencionado. De fato, Marx não dá as costas para essa problemática. Ele a reorienta para seu fundamento objetivo, insistindo que

> a supressão da burocracia só pode se dar contanto que o interesse universal se torne *realmente* – e não, como em Hegel, apenas no pensamento, na abstração – interesse particular, o que é possível apenas contanto que o interesse *particular* se torne realmente *universal*.[32]

Em outras palavras, o círculo da burocracia (e da política moderna em geral) é um círculo muito real, do qual se deve organizar um escape igualmente real.

---

[30] Ibidem, p. 94.

[31] Ibidem, p. 66.

[32] Ibidem, p. 67.

140 *A montanha que devemos conquistar*

Marx também reconhece que "O mais profundo em Hegel é que ele percebe a separação da sociedade civil e da sociedade política como uma *contradição*. Mas o que há de falso é que ele se contenta com a *aparência* dessa solução e a faz passar pela coisa mesma[33]. O fato de Hegel não poder encontrar uma saída para a contradição percebida é, novamente, não sua limitação pessoal, pois a prática de simplesmente presumir uma relação necessária entre uma "sociedade civil" (esgarçada por suas contradições) e o Estado político (que resolve ou, ao menos, mantém em equilíbrio essas contradições) era, como vimos, um traço característico da teoria liberal em geral, cumprindo, graças à sua circularidade a-histórica, uma função apologética/social muito necessária. Quando Hegel "pressupôs a *separação* da sociedade civil e do Estado político (uma situação moderna) e a desenvolveu como *momento necessário da Ideia*, como verdade absoluta racional"[34], ele meramente adapta a prática geral da teoria liberal às exigências específicas de seu próprio discurso filosófico.

A grande deficiência na abordagem de Hegel é o modo como ele trata a necessidade da "mediação" (embora não se possa realçar o suficiente que a dificuldade de mediação existe para ele como um problema constantemente recorrente, enquanto na teoria liberal em geral ela tende a ser estreitamente reduzida à questão de uma instrumentalidade "equilibrante", mais ou menos já feita, quando não é completamente ignorada). Hegel percebe que, se o Estado deve cumprir as funções vitais de totalização e conciliação a ele atribuídas em seu sistema, deve ser constituído como uma entidade *orgânica,* adequadamente fundida à sociedade e não mecanicamente superposta a ela. Nesse espírito, ele prossegue afirmando que

é uma preocupação primordial do Estado que a *classe média* deva ser desenvolvida, mas isso apenas pode ser feito se o Estado for uma unidade orgânica como aquela aqui descrita, isto é, pode ser feito apenas *concedendo autoridade a esferas de interesses particulares*, que são relativamente independentes, e nomeando um exército de funcionários cuja arbitrariedade pessoal seja quebrada contra tais corpos autorizados.

Contudo, o problema é que o quadro que se nos apresenta não passa de uma versão estipulada/idealizada da formação estatal política da "sociedade civil" dividida, que preserva todas as divisões e con-

---

[33] Ibidem, p. 93.
[34] Ibidem, p. 91.

Apêndice 1 – Como poderia o Estado fenecer? 141

tradições existentes enquanto, de modo conveniente, conjura suas destrutividades últimas. Marx coloca em seu comentário anexado a essas linhas: "Certamente, apenas em uma tal organização o povo pode aparecer como *um* estamento, o *estamento médio*; mas é uma organização aquilo que se mantém em funcionamento mediante o equilíbrio dos privilégios?"[35].

Desse modo, a solução divisada é até mesmo autocontraditória (definindo "organicidade" em termos de um "equilíbrio" instável de forças hostis centrífugas), para não mencionar seu caráter fictício que atribui um remédio *permanente* com base numa conflitualidade real sempre crescente. Nessa *Aufhebung*, que confunde realidade com desejo, das crescentes contradições sociais através do círculo mágico de uma burocracia onisciente e da expansão, enviada dos céus, da "classe média", recebemos o verdadeiro modelo de todas as teorias de acomodação social do século XX: de Max Weber à "revolução gerencial", de Max Scheler e Mannheim ao "fim da ideologia", e de Talcott Parsons à "sociedade pós-industrial orientada-pelo-conhecimento" da "modernidade" e "pós-modernidade" como a solução definitiva. (Mas, perceba-se novamente, Hegel apenas diz que essa classe média *"deveria ser* desenvolvida", enquanto os apologetas do século XX alegam que ela *realmente* já se realizou, trazendo consigo o fim de todas as principais contradições sociais[36].)

Na realidade, o Estado político moderno não se constitui como uma "unidade orgânica", mas, pelo contrário, foi imposto às classes *subordinadas* a partir das relações de poder *materiais* já prevalecentes da "sociedade civil", no interesse preponderante (e não cuidadosamente "equilibrado") do capital. Desse modo, a ideia hegeliana de "mediação" apenas poderia

---

[35] Ibidem, p. 72.

[36] Mannheim, por exemplo, que entusiasticamente aprova a ideia grotesca de Scheler de que a nossa é "a época da equalização" [*Zeitalter des Ausgleichs*], ao mesmo tempo alega que antigas classes antagônicas "estão agora, de uma forma ou de outra, se fundindo uma na outra", em seu *Ideology and Utopia* (Londres, Routledge & Kegan Paul, 1936), p. 251. Ele acrescenta a essa ficção outra pitada de fantasia sobre a *"intelligentsia* que flutua livremente" [*freischwebende Intelligenz*] – um primo em primeiro grau do burocrata "universal" de Hegel –, que supostamente deve "subsumir em si própria todos aqueles interesses nos quais é permeada a vida social" (p. 140). Discuti esses problemas em um artigo intitulado "Ideology and Social Science", publicado em 1972 na *The Socialist Register* e reimpresso em meu livro *Philosophy, Ideology and Social Science* (Nova York, St. Martins, 1986), p. 1-56 [ed. bras.: "Filosofia, ideologia e ciência social", em *Ideologia e ciência social*, São Paulo, Ensaio, 1993].

142 *A montanha que devemos conquistar*

ser uma falsa mediação, motivada pelas necessidades ideológicas de "conciliação", "legitimação" e "racionalização" (esta última no sentido de aceitar e idealizar as relações sociais prevalecentes). A inconsistência lógica de Hegel emerge do solo de tais motivações. A facticidade e a separabilidade estabelecidas da "sociedade civil" e seu Estado político são simplesmente pressupostas como dadas e, como dadas, mantêm-se separadas; daqui, a tosca circularidade das "tautologias" hegelianas e definições autorreferentes. Ao mesmo tempo, a necessidade de produzir uma "unidade orgânica" gera a "circularidade dialética" mais sutil das mediações (que termina por ser tudo, menos dialética). O cruzamento de referências recíprocas arranjadas ao redor de um termo médio cria a aparência de um movimento e de uma progressão genuína, enquanto de fato reflete e reproduz a autossustentável facticidade dual da ordem social dada ("sociedade civil" e sua formação estatal política), só que agora em uma forma filosófica abstrata dedutivamente "transubstanciada". Como observa Marx,

No momento em que os estamentos sociais são, como tais, políticos, não é necessária aquela mediação, e, no momento em que a mediação é necessária, o estamento social não é político, e tampouco o é, portanto, aquela mediação. O proprietário fundiário é uma parte do elemento político-estamental não como proprietário fundiário, mas como cidadão do Estado, enquanto ao contrário (quando ele é cidadão do Estado quando proprietário fundiário ou é proprietário fundiário quando cidadão do Estado), sua qualidade de cidadão do Estado é a sua qualidade de proprietário fundiário: ele não é cidadão do Estado porque proprietário fundiário, mas proprietário fundiário porque cidadão do Estado! Eis aqui, portanto, uma inconsequência de Hegel no interior de seu próprio modo de vez, e uma tal inconsequência é acomodação.[37]

Ao fim, o que desmascara o jogo é o caráter apologético de sua "mediação"; o jogo se revela como uma reconstrução sofisticada da realidade dual a-historicamente presumida – e como tal eternizada – no interior do discurso de Hegel, e absolutamente não como mediação. Como coloca Marx:

Hegel concebe, em geral, o *silogismo* como termo médio, como um *mixtum compositum*. Pode-se dizer que, em seu desenvolvimento do silogismo racional, toda a transcendência e o místico dualismo de seu sistema tornam-se

---

[37] Karl Marx, *Crítica da filosofia do direito,* cit., p. 112.

Apêndice 1 – Como poderia o Estado fenecer? 143

evidentes. O termo médio é o ferro de madeira, a oposição dissimulada ente universalidade e singularidade.[38]

A deficiência lógica aqui referida é, portanto, não uma questão de se desconhecer conceitualmente a diferença entre "universalidade" e "singularidade", mas uma perversa necessidade de velar a inconciliável oposição entre elas conforme se confrontam mutuamente na realidade social. Pior ainda, a necessidade de preservar o dado em sua facticidade dominante produz uma reversão do conjunto real de relações à medida que desconsidera o novo potencial universal/hegemônico do trabalho e apresenta de forma deturpada uma *parcialidade subserviente* – a burocracia estatal idealizada – como "universalidade verdadeira". Isso explica por que o grandioso empreendimento do "silogismo racional" hegeliano culmina na modalidade prosaica da racionalização apologética. Compreensivelmente, portanto, a "espada de madeira" da falsa mediação apenas consegue esculpir nas dunas de areia de seu universo conceitual uma representação simbólica do mundo burguês dual. (Isso é ainda mais revelador em vista da rejeição explícita de Hegel – poderia ser pela voz da "má consciência"? – de todas as formas de dualismo filosófico.)

Tudo isso de modo algum é surpreendente. Uma vez que a circularidade recíproca da "sociedade civil" e seu Estado político é presumida como uma premissa absoluta da teoria política, as "regras do jogo" se impõem com determinação férrea. É doloroso acompanhar a estatura de um pensador como Hegel, sob o impacto de tais determinações, reduzindo-se quase ao ponto de escrever "besteiras de colegial". É assim que Marx caracteriza a camisa de força que Hegel se impôs:

> O príncipe deveria, por conseguinte, fazer-se, no poder legislativo, de termo médio entre o poder governamental e o elemento estamental; porém, o poder governamental é justamente o termo médio entre ele e a sociedade estamental, e esta é o termo médio entre ele e a sociedade civil! Como deveria ele mediar aqueles de quem ele tem necessidade, como seu termo médio, para não ser um extremo unilateral? Aqui se evidencia todo o absurdo desses extremos, que desempenham alternadamente ora o papel de extremos, ora o de termo médio [...] É uma complementação recíproca. [...] Tal como o leão no *Sonho de uma noite de verão*, que exclama: "Eu sou um leão e não sou um leão, eu sou Marmelo". Assim, cada extremo é, aqui, ora o leão da

---

[38]   Ibidem, p. 101.

144 *A montanha que devemos conquistar*

oposição, ora o Marmelo da mediação [...] É notável que Hegel, que reduz esse absurdo à sua expressão abstrata, lógica, por isso não falseada, intransigível, o designe, ao mesmo tempo, como o *mistério especulativo* da lógica, como a relação racional, como o silogismo racional. Extremos reais não podem ser mediados um pelo outro, precisamente porque são extremos reais. Mas eles não precisam, também, de qualquer mediação, pois eles são seres opostos.[39]

Vendo o naufrágio de Hegel nos recifes de sua falsa mediação, Marx percebeu que era a própria premissa da política que necessitava de uma drástica revisão para se quebrar o círculo vicioso. Enquanto a "mediação" permanecesse presa ao Estado político e sua firme base de apoio, a "sociedade civil" estabelecida, a aspiração crítica da teoria política tinha de ser sistematicamente frustrada, admitindo apenas uma margem institucionalmente limitada de protestos facilmente integráveis. Divisar mudanças *estruturais* em termos das premissas aceitas estava *a priori* fora de questão. Pois a ordem prevalecente consegue reproduzir a si própria ligando a filosofia ao peso morto da imobilidade dualística, restringindo a "mediação" à circularidade interessada do discurso político tradicional.

* * *

Há épocas na história – normalmente em períodos de transição – em que as contradições internas das formações sociais particulares vêm à tona com maior clareza do que em circunstâncias normais. Isso porque em tais épocas as forças principais do confronto social em andamento defendem suas demandas rivais mais claramente como alternativas hegemônicas entre si, o que confere não apenas uma maior fluidez, mas também uma maior transparência ao processo social. Quando as forças em disputa se acalmam, em modo de interação mais firmemente regulado (na verdade, em uma larga extensão, tornado rotineiro ou institucionalizado), sob o predomínio de uma delas – e, para os participantes, por um período de tempo que parece indeterminado –, as linhas de demarcação social se tornam cada vez mais obscuras. O conflito, que anteriormente era agudo, perde sua borda cortante e seus animadores parecem ser assimilados ou "integrados", pelo menos naquela hora.

---

[39] Ibidem, p. 104.

A filosofia de Hegel é o produto de um período histórico de fluidez dramática e relativa transparência. Apropriadamente, ele completou a monumental síntese de *A fenomenologia do espírito* em Iena no período em que Napoleão – o sujeito de suas maiores esperanças de transformação radical nas estruturas sociais anacrônicas do *Ancien Régime* por toda a Europa – estava dispondo suas forças para uma batalha decisiva nas colinas próximas. E, mesmo que no período em que escrevia *Filosofia do direito* houvesse se acomodado em um espírito mais conservador, sua filosofia como um todo enfrentou e corporificou – apesar de suas mistificações – as contradições dinâmicas do mundo ainda-não-estabelecido do capital, junto ao sóbrio reconhecimento do potencial histórico-mundial ameaçador de seu antagonista.

Dada a vastidão da visão hegeliana, e o modo como articula as complexidades incomensuráveis de sua era irrequieta com seus ciclos aparentemente intermináveis de revoluções e levantes contrarrevolucionários, Marx não poderia ter tido um ponto de partida mais fértil em seu "acerto de contas crítico" com a perspectiva do capital. Pois o sistema hegeliano demonstrou – conscientemente, por meio de seus *insights* genuínos, e inconscientemente, graças a suas contradições e mistificações impostas pela classe a que pertencia – o imenso papel que joga a política na autorreprodução ampliada do mundo dominado pelo capital; e *vice-versa*: de que modo elementar a "sociedade civil" do sistema do capital molda e reproduz a formação política à sua própria imagem. O segredo último da assustadora e nua circularidade da sofisticada filosofia política de Hegel é este: o círculo real da reprodução autoampliadora do capital do qual parece não haver saída, graças aos *círculos duais* que se interconectam da "sociedade civil/Estado político" e "Estado político/ sociedade civil", com sua *pressuposição* e sua *derivação* recíprocas, e com o capital no âmago de ambos.

Desse modo, o dualismo abstrato da filosofia política de Hegel se revela como expressão sublimada da sufocante realidade de uma circularidade concentrica-dual por meio da qual o capital politicamente reproduz a si próprio: definindo, *a priori*, os próprios termos e a moldura da "reforma" que promete "superar" (através de alguma "mediação" fictícia) suas profundas deficiências estruturais, sem o menor questionamento do fatal poder imobilizador do próprio círculo político. Isso explica por que a tarefa da emancipação tinha de ser radicalmente redefinida em termos de ruptura com o círculo vicioso da política como tal. Isso devia

146 *A montanha que devemos conquistar*

ser feito, segundo Marx, de modo a tornar possível a continuação da luta contra o poder do capital no nível que de fato importa: muito além das falsas mediações da própria política, no próprio solo material do capital.

5. O deslocamento das contradições do capital

Marx elaborou sua concepção da alternativa socialista no estágio final desse dramático período de transição, pouco antes de o capital conseguir consolidar firmemente em escala global sua posição recém-conquistada: primeiro, quando resolveu suas rivalidades nacionais para o próximo período histórico por meio das guerras napoleônicas; e depois quando estendeu impiedosamente sua esfera de dominação aos cantos mais distantes do planeta por intermédio de seus vários impérios. Seus anos de formação coincidem com a aparição desafiadora da classe trabalhadora como uma força política independente por toda a Europa, culminando com as realizações do movimento cartista na Inglaterra e os levantes revolucionários de crescente intensidade na França e na Alemanha na década de 1840.

Sob tais circunstâncias, a relativa transparência das relações sociais e suas contradições antagônicas muito favoreceram a formulação da síntese abrangente de Marx, que traçou conscientemente a dinâmica das tendências fundamentais de desenvolvimento. Ele sempre procurava a configuração "clássica"[40] de forças e eventos, esclarecendo seu significado estrutural último, mesmo quando partia da cotidianidade bruta de suas manifestações fenomênicas[41]. Sem dúvida foi sua capacidade de situar o

---

[40] Muito antes de analisar as condições "clássicas" do desenvolvimento capitalista na Inglaterra e dos escritos de "economia política inglesa", isto é, o reflexo científico das condições econômicas inglesas" ("Critical Marginal Notes on the Article by a Prussian", cit., p. 192 [ed. bras.: p. 73]), Marx discutiu o redemoinho político da Alemanha nos mesmos termos, insistindo que o país "tem uma vocação tão *clássica* para a revolução *social* quanto é incapaz de uma revolução *política*" (p. 202 [ed. bras.: p. 85]), grifos de Marx.

[41] As obras *O dezoito de brumário de Luís Bonaparte* e *A guerra civil na França* são exemplos poderosos desse feito marxiano. Em ambas, ele parte da "imediaticidade ainda quente" dos eventos correntes – que amedrontam os historiadores tradicionais – e, integrando-os às tendências históricas prevalecentes nitidamente delimitadas, retira deles alguns *insights* teóricos muito importantes. Os últimos iluminam não apenas os próprios eventos investigados, mas simultaneamente também a época como um todo, assim se transformando em novos elementos e evidências adicionais para apoiar

Apêndice 1 – Como poderia o Estado fenecer? 147

menor dos detalhes no interior de perspectivas as mais amplas que levou Engels a escrever em 1886: "Marx estava acima, viu mais longe e tinha uma visão mais ampla e rápida que todos nós"[42]. Mas claro, para se realizar, essa capacidade tinha de encontrar seu complemento objetivo na própria realidade sócio-histórica dada. Pois, do ponto de vista de um talento individual, por maior que fosse, teria sido fútil ver mais longe e amplamente se tudo o que ele pudesse perceber não passasse de contornos vagos de complexidades confusas, com base em movimentos sociais inconsistentes, tendentes a obscurecer as verdadeiras linhas de demarcação e – preocupado com as estreitas práticas de acomodação e compromisso – evitando como praga toda articulação aberta de seus antagonismos latentes. O deserto intelectual da época da social-democracia reformista é um testemunho eloquente dessa depressiva verdade.

Foi a coincidência histórica do tipo e da intensidade das qualidades pessoais de Marx com a transparência dinâmica da época de seus anos de formação que lhe permitiu elaborar os contornos fundamentais – o verdadeiro *Grundrisse* – da alternativa socialista. Ao definir o significado da política socialista como a total restituição dos poderes de decisão usurpados à comunidade de produtores associados, Marx lançou o núcleo sintetizador de todas as estratégias radicais que podem emergir sob as condições variáveis de desenvolvimento. A validade desses contornos se estende a todo o período histórico que vai da dominação mundial do capital à sua crise estrutural e dissolução final, e ao estabelecimento positivo de uma sociedade verdadeiramente socialista em escala global.

Contudo, ao sublinhar a validade da visão global de Marx para a sua época, enfatizar suas ligações orgânicas com a relativa transparência da

---

a visão de Marx em constante desenvolvimento. A capacidade de tratar fatos e eventos é inseparável da inflexibilidade apodítica da visão global que o guia (determinando, desse modo, também a metodologia de sua orientação "clássica" na concepção e na apresentação de suas proposições teóricas fundamentais). As condições de possibilidade de tais visões eram precisamente a fluidez e a transparência de uma era de transição – com a relativa abertura e clareza de propósitos das alternativas em disputa – que caracterizaram a confrontação social dos anos de formação de Marx.

[42] Friedrich Engels, "Ludwig Feuerbach and the End of Classical German Philosophy", em Karl Marx e Friedrich Engels, *Selected Works* (Moscou, 1951), v. 2, p. 349 [ed. bras.: "Ludwig Feuerbah e o fim da filosofia clássica alemã", em Karl Marx e Friedrich Engels, *Textos*, São Paulo, Sociais, 1977, v. 1, p. 103, nota 1].

148 *A montanha que devemos conquistar*

época que a tornou possível, não se pretende sugerir que as épocas sejam mais que puras bênçãos para a teoria, no sentido de não imporem qualquer limitação para a visão de mundo que se originou de seu solo. Pois, precisamente porque colocam agudamente em relevo as polaridades e alternativas básicas, elas tendem a empurrar para segundo plano tendências e modalidades de ação que apontam em direção à reprodução continuada da ordem social prevalecente; assim como extensos períodos de compromisso e acomodação criam um clima geral de opinião que desencoraja fortemente a articulação da crítica radical, tachando-a, para descartá-la, de "messiânica" ou "apocalíptica". Marx estava à vontade quando as manifestações da crise atingiram seu momento mais intenso. Pela mesma razão, experimentou grandes dificuldades a partir da década de 1870 (que representa um período de grande sucesso na expansão global do capital). Tais dificuldades foram não apenas de ordem política, em relação a algumas importantes organizações da classe trabalhadora, mas também de ordem teórica, ligadas à avaliação da nova guinada nos acontecimentos. Como reflexo disso, a produção intelectual de seus últimos quinze anos não é comparável com a década e meia anterior, nem mesmo com os quinze anos precedentes.

Não que o Marx maduro tenha alterado sua abordagem. Pelo contrário, sua obra retém a mais extraordinária unidade mesmo sob circunstâncias *internamente* as mais difíceis. Através de toda a sua vida ele procurou tendências e sinais de desenvolvimento que poderiam fornecer evidências cumulativas para a validade de seus "contornos fundamentais". Elas jorravam durante a fase histórica das alternativas mais nítidas, abertas e transparentes; tanto foi assim que, de fato, a duras penas puderam ser contidas no trabalho maciço de explosão criativa de seus primeiros 25 anos. Dada a então prevalecente correlação de forças e a grande fluidez da situação sócio-histórica geral, a possibilidade do colapso estrutural do capital era *objetiva*. Foi essa possibilidade que encontrou sua vigorosa articulação nos escritos correspondentemente dramáticos de Marx. Aqueles eram tempos, quando até o *London Economist* teve de admitir – como Marx citou entusiasticamente em carta a Engels –, em que o capital por toda a Europa "escapou por um fio de cabelo do *crash* iminente"[43].

---

[43] Carta de Karl Marx a Friedrich Engels, 8 dez. 1857, em Karl Marx, Friedrich Engels, *Marx-Engels-Werke* [doravante MEW] (6. ed., Berlim, Dietz, 1987), v. 29, p. 225.

Apêndice 1 – Como poderia o Estado fenecer? 149

As dificuldades começaram a se multiplicar para ele quando tais possibilidades imediatas retrocederam, abrindo novas válvulas de escape para a estabilização e a expansão que o capital não deixou de explorar no seu desenvolvimento global subsequente. Foi sob tais condições, com alternativas contraditoriamente objetivas no *interior* das classes principais nos dois lados do grande divisor – e não apenas *entre* eles –, que também as divisões internas, nas estratégias práticas do movimento da classe trabalhadora, emergiram com força, induzindo Marx a escrever ao final de seus comentários ao Programa de Gotha, com um tom de resignação militante: *dixi et salvavi animam meam*, como vimos.

Dois pontos devem ser firmemente esclarecidos nesse contexto. Primeiro, que o desaparecimento de algumas possibilidades objetivas, historicamente específicas de mudança, não elimina as contradições fundamentais do próprio capital, como modo de controle sociometabólico, e, portanto, não invalida o conjunto da teoria de Marx, que se refere ao último. E, segundo, que uma tentativa de identificar as dificuldades e dilemas em algumas das conclusões de Marx não é a projeção de uma "tentativa de explicar o passado" de sua obra (que seria totalmente a-histórica, portanto inadmissível), mas se apoia em elementos explícitos ou implícitos de seu próprio discurso.

Com certeza, os apologistas da ordem estabelecida saúdam cada escapada da crise como sua vitória final, e como a refutação definitiva do marxismo. Já que eles não podem, nem vão, pensar em termos históricos, também não conseguem compreender que os *limites do sistema do capital* podem de fato se expandir historicamente – por meio da abertura de novos territórios, protegidos por impérios coloniais, ou pelos modos mais modernos de "neocapitalismo" e "neocolonialismo". Do mesmo modo, eles podem se expandir graças à "colonização interna", isto é, pelo estabelecimento implacável de novas válvulas de escape nos próprios países, protegendo as condições de sua expansão sustentada por uma exploração mais intensiva tanto do produtor como do consumidor etc. – sem se livrar dos *limites estruturais* e contradições do próprio capital.

A estrutura teórica de Marx pode facilmente resistir a essas refutações que confundem desejo com realidade, pois se orienta pelas contradições centrais do capital, seguindo seu desdobramento desde os estágios iniciais de desenvolvimento até a dominação global e a desintegração final dessa força controladora da produção social. Na escala de tempo historicamente mais ampla – que vem a ser a temporalidade adequada

150 *A montanha que devemos conquistar*

das categorias básicas investigadas por Marx –, a evidência histórica específica é relevante nessa estrutura de análise quando afeta as relações estruturais básicas. Julgar tal sistema teórico – que se preocupa primariamente com os limites *últimos* do capital e com as condições/necessidades para alcançá-los – na temporalidade de curto prazo, das alegadas "previsões" do que exatamente trará ou não o dia depois de amanhã, é completamente fútil, se não for hostilidade estridente travestida de uma indagação "científica" em busca de "verificação" ou "falsificação".

Marx seria de fato refutado se fosse possível provar que os limites do capital são expansíveis *indefinidamente*, ou seja, que o poder do capital é, ele próprio, ilimitado. Já que provar tal coisa é absolutamente impossível, seus adversários preferem *postulá-lo* como um axioma circular de seu próprio mundo de "engenharia social gradual". Essa, portanto, se converte na medida autoevidente de toda crítica e, como tal, por definição, não pode ser ela mesma o objeto de escrutínio e crítica. Ao mesmo tempo, o marxismo pode ser livremente denunciado e descartado como "ideologia inverificável", "holismo", "dedução metafísica", e sabe-se lá mais o quê.

Mas, mesmo para além dessas visões hostis, persiste uma séria incompreensão quanto à natureza do projeto de Marx. Por um lado, há a expectativa/acusação das implicações preditivas imediatas, ao lado da disputa de sua realização ou não realização, conforme possa ser o caso. Por outro lado, em completo contraste, encontramos a caracterização da concepção de Marx como um sistema que se autoarticula, quase dedutivo, sem conexões empíricas, seguindo regras próprias de "produção intelectual", graças às "descobertas", de algum modo misteriosas, de seu "discurso científico" acerca do "continente da história".

Contra a primeira incompreensão, uma vez que Marx visa a identificação das contradições fundamentais do capital e seus limites últimos, não há como se realçar demais que a caracterização da situação sócio-histórica dada (da qual podem se originar previsões para o futuro próximo) é sempre o objeto de múltiplas limitações, em vista do número virtualmente sem fim das variáveis em operação, e portanto deve ser tratada com extremo cuidado. Isso não é de modo algum uma cláusula escapatória conveniente pré-fabricada, nem uma tentativa de se proteger das dificuldades em encarar a realidade nas brumas de um discurso autorreferente. A questão é que contradições podem ser *deslocadas* em virtude da inter-relação específica de determinadas forças e circunstâncias, e não pode haver qualquer

Apêndice 1 – Como poderia o Estado fenecer? 151

modo *a priori* de prefigurar as formas concretas e fronteiras históricas particulares de deslocamento, quando, na verdade, as configurações dinâmicas da própria inter-relação são impossíveis de ser fixadas em um molde esquemático, arbitrário.

Dizer isso não implica, de modo algum, uma negação defensiva das aspirações de se fazer previsões e do valor da teoria marxista. A questão do deslocamento se refere à *especificidade* dessas contradições, e não à determinação dos *limites últimos* do sistema do capital. Em outras palavras, as contradições do capital são deslocadas no *interior* de tais limites, e o processo de deslocamento pode continuar apenas até o ponto da *saturação* final do próprio sistema e o bloqueio das válvulas de escape expansionistas (cujas condições podem ser definidas com precisão), mas não infinita nem indefinidamente. Margens de deslocamento são criadas pela multiplicidade de contradições dadas em uma configuração específica e pelo desenvolvimento desigual, mas certamente não pelo *desaparecimento* das próprias contradições. Assim, os conceitos de "deslocamento", "saturação" e "crise estrutural" adquirem seus significados nos termos dos limites últimos do capital como sistema global, e não em termos de qualquer de suas formas transitórias. Deslocamento significa *postergar* (não liquidar) a saturação das válvulas de escape disponíveis e a maturação das contradições fundamentais. Também significa *estender* as fronteiras historicamente dadas do capital, mas não eliminar seus limites estruturais objetivos e explosivos. Em ambos os casos estamos tratando de processos inerentemente temporais que antecipam um fechamento necessário dos ciclos envolvidos, apesar de, claro, na sua própria escala de tempo. E, enquanto tudo isso coloca as previsões da teoria marxista em sua devida perspectiva, também reafirma sua legitimidade e sua validade com maior ênfase em termos da escala de tempo apropriada.

Quanto ao alegado caráter dedutivo do discurso de Marx – alguns dizem, a mistura infeliz de dedutivismo hegeliano com cientificismo/positivismo/empirismo –, essa questão diz respeito à relação entre realidade e estrutura teórica. Sem dúvida, o método de apresentação de Marx (e suas referências positivas a Hegel) podem às vezes criar a impressão de um procedimento estritamente dedutivo. Além disso, as coisas são ainda mais complicadas pelo fato de Marx apoditicamente concentrar--se nas condições das determinações fundamentais; nas necessidades que operam em todas as relações sociais; no dinamismo objetivo das

152 *A montanha que devemos conquistar*

contradições que se desdobram; e na explicação dos fatos e ideias – desde que situados nos parâmetros de um fundamento material estritamente definido – em termos de uma sutil, mas não menos objetiva, necessidade de reciprocidade dialética.

Contudo, essa poderosa articulação das conexões necessárias, centrada em algumas categorias fundamentais – por exemplo, capital, trabalho, Estado moderno, mercado mundial etc. – não significa a substituição da realidade social pela matriz dedutiva de um discurso autorreferente. Nem, de fato, a superposição de um conjunto de categorias abstratas da "ciência da lógica" sobre as relações reais, como acontece no caso de Hegel; categorias cujas conexões e derivações recíprocas são formalmente/dedutivamente/circularmente estabelecidas no solo mistificador de determinações ideológicas complexas, como vimos anteriormente.

O rigor apodítico da análise marxiana que emerge das conexões necessárias de seu sistema de categorias não é a característica *formal* de uma "prática teórica", mas seu modo de abranger a arquitetura *objetivamente* estruturada da totalidade social. As categorias, segundo Marx, não são constructos filosóficos atemporais, mas *Daseinformen*: formas de ser, reflexos condensados das relações e determinações essenciais de sua sociedade. O que define com precisão o caráter teorizável de qualquer sociedade dada é a *configuração específica* de suas categorias objetivas determinantes. Nesse sentido, enquanto várias categorias da moderna sociedade burguesa se originaram em terrenos muito diferentes, algumas delas na verdade estão destinadas a se estender também para as formações pós-capitalistas, é a combinação única de *capital, trabalho assalariado, mercado mundial* e o *Estado moderno* que, *juntos*, identificam a *formação capitalista* em sua especificidade histórica.

O modo pelo qual algumas categorias cruzam as fronteiras de diferentes formações sociais mostra a dialética objetiva do *histórico* e *trans-histórico* em operação. Isso deve ser abarcado na teoria tanto em termos de seus níveis e escalas objetivamente diferentes de *temporalidade*, como uma característica vital das *estruturas* sociais dadas. (As últimas exibem a correlação entre o histórico e o trans-histórico na forma de *continuidade* na descontinuidade, e *descontinuidade* até mesmo na continuidade aparentemente mais estável.) Na visão de Marx, sublinhar essas articulações e determinações serve para articular, na teoria, o dinamismo histórico do processo social e as características objetivas estruturais de todos os

Apêndice 1 – Como poderia o Estado fenecer? 153

fatores relevantes que em conjunto constituem o solo real de todas as condensações e reflexos categoriais. Assim, o contraste entre dedutivismo e todas as concepções passadas da natureza e da importância das categorias não poderia ser maior.

* * *

Os dilemas reais de Marx (que afetaram sua teoria de maneira significativa) referiam-se à questão da crise do capital e às possibilidades de seu deslocamento na medida em que eram visíveis em sua época. Como já mencionado, levantar essa questão não é fazer a projeção *a posteriori* de uma obra articulada sob um ponto de vista muito diferente, mas uma tentativa de entender as consequências teóricas de sua decisão consciente de atribuir uma posição subordinada a certas tendências – já perceptíveis durante sua vida – que parecem a nós possuir um peso relativo muito maior em seu próprio contexto histórico. Esse é um problema de grande complexidade, já que vários fatores muito diferentes nele se articulam para produzir o resultado em questão, e nenhum deles poderia possibilitar uma resposta aceitável se tomado separadamente[44]. Os principais fatores a que nos referimos aqui são:

1) as dramáticas polaridades e alternativas dos anos de formação de Marx (tornando historicamente possível o colapso do capitalismo, em vista de suas saídas de desenvolvimento/expansão muito mais limitadas na época);

2) o método de análise de Marx, emergindo das dramáticas alternativas, foi muito favorecido por elas na exigência de contornos nítidos e pela articulação dos antagonismos centrais (e que pela mesma razão, claro, não favoreceram qualquer método de múltiplas limitações que não ousasse ir além dos detalhes acumulados na "evidência esmagadora");

3) as principais confrontações políticas em que Marx se envolveu (em especial sua luta contra o voluntarismo político anarquista);

4) os principais alvos intelectuais de sua crítica (acima de tudo Hegel e "o ponto de vista da economia política").

---

[44] Ver a esse respeito as primeiras páginas da seção 6 deste texto, sobre "ambiguidades temporais e mediações que faltam".

154   A montanha que devemos conquistar

Todas estas determinações e motivações combinadas produziram aquela definição negativa de política que vimos anteriormente, trazendo com ela não apenas a rejeição radical da problemática liberal, mas também um extremo ceticismo em relação às possibilidades de deslocar a crise estrutural do capital por muito mais tempo. Deve-se realçar que isso se aplica ao conjunto da obra de Marx, inclusive aos últimos anos, quando ele eliminou de suas cartas algumas expressões excessivamente otimistas[45]. Ao mesmo tempo, nunca é demais repetir, já que geralmente se ignora, que esse problema existia para Marx como um sério *dilema*. E mesmo que o tenha resolvido do modo como o fez, ele estava, apesar disso, plenamente alerta para o fato de que a solução advogada não estava livre de grandes dificuldades.

* * *

PARA SE AVALIAR o quanto essa questão é envolvente e delicada, devemos colocar lado a lado duas de suas cartas: uma bastante conhecida, a outra, estranhamente esquecida. Vários críticos e "refutadores" de Marx adoram citar a primeira, na qual ele informa a Engels que está "trabalhando freneticamente, até tarde da noite" para completar seus estudos econômicos, de modo a ter "elaborado com clareza pelo menos os esboços fundamentais [os *Grundrisse*] antes do dilúvio"[46]. À luz da crise aparentemente crônica de meados da década de 1850 – que não podia ser ignorada ou rapidamente desconsiderada nem mesmo pelo *Economist*, como vimos anteriormente –, as expectativas de Marx de um "dilúvio" e seu tom exaltado são perfeitamente compreensíveis.

Contudo, suas reflexões não se detêm aí. Ele captura com grande realismo toda a responsabilidade do empreendimento socialista, tal como deixa perceber em outra carta muito mais negligenciada:

> Não se pode negar; a sociedade burguesa vive seu segundo século XVI, o qual, *espero*, a levará para o túmulo, tal como o primeiro a trouxe à vida. A tarefa histórica da sociedade burguesa é o estabelecimento de um *mercado mundial*, ao menos em seus contornos básicos, em um modo de produção

---

[45]   Comparem-se os três esboços de sua carta, escritos entre o fim de fevereiro e o início de março de 1881, para Vera Zasulitch, com sua última versão, incluídos na íntegra em Karl Marx, *Luta de classes na Rússia* (São Paulo, Boitempo, 2013).

[46]   Carta de Karl Marx a Friedrich Engels, 8 dez. 1857, cit., p. 222-5.

Apêndice 1 – Como poderia o Estado fenecer? 155

que descansa sobre essa base. Já que o mundo é redondo, parece que isso foi realizado pela colonização da Califórnia e da Austrália e pela anexação da China e do Japão. Para nós a questão mais difícil é esta: a revolução no continente é iminente e terá, desde o início, caráter socialista; não será ela necessariamente esmagada neste pequeno canto do mundo, já que num terreno muito mais amplo o desenvolvimento da sociedade burguesa está ainda na *ascendente*.[47]

Não se poderia, nem mesmo hoje, resumir de forma mais clara os problemas em jogo, ainda que da nossa privilegiada perspectiva histórica as várias tendências de desenvolvimento investigadas por Marx assumam um significado bastante diferente. Na verdade, a viabilidade do capital é inseparável de sua completa expansão em um sistema mundial que tudo abarca. Apenas quando esse processo estiver terminado os limites *estruturais* do capital podem passar a agir com sua intensidade devastadora. Até esse estágio, contudo, o capital mantém o dinamismo inerente em sua ascendência histórica. E, junto a esse dinamismo, o capital retém, claro, também seu poder de vergar, subjugar e esmagar as forças que se lhe opõem em muitos "pequenos cantos" do mundo, desde que seus oponentes socialistas não produzam estratégias para se contrapor ao crescente poder do capital no seu próprio terreno.

Portanto, a questão central é: sob quais condições pode o processo de expansão do capital atingir seu final em uma escala verdadeiramente global, trazendo com ele necessariamente o fim de revoluções esmagadas e deturpadas, abrindo assim a nova fase histórica de uma ofensiva socialista que não pode ser reprimida? Ou, para colocar de outro modo, quais são as modalidades viáveis – embora de modo algum inexauríveis – da revitalização do capital, tanto com respeito às suas válvulas de escape diretas como em relação ao seu poder de adquirir novas formas que significativamente estendam suas fronteiras no marco de suas determinações estruturais últimas e de seus limites históricos mais gerais?

A real magnitude do problema se torna mais clara quando nos lembramos de que mesmo hoje – mais de 150 anos após a primeira visão articulada de Marx – o mundo do capital ainda não pode ser considerado um sistema global completamente expandido e integrado, apesar de agora não estar longe de sê-lo. É aqui que podemos ver também que não

---

[47] Carta de Karl Marx a Friedrich Engels, 8 out. 1857, cit., p. 360.

156 *A montanha que devemos conquistar*

estamos impondo essa problemática a Marx, como uma compreensão tardia do que deveria ter sido. As tendências objetivas do desenvolvimento real e potencial do capital foram sem hesitação reconhecidas por ele com referência à sua "ascendência" histórica por todo o mundo, em contraste com o que era provável que viesse a acontecer no "pequeno canto" da Europa. As diferenças dizem respeito ao *peso relativo* das tendências identificadas e às temporalidades envolvidas. Pois, enquanto o mundo certamente é redondo, é igualmente verdadeiro que o capital tem o poder de descobrir novos continentes para exploração que estavam anteriormente velados sob a crosta de sua própria ineficiência relativa e de seu subdesenvolvimento. Só quando não houver mais "continentes escondidos" para serem descobertos, apenas então pode-se considerar o processo da expansão global do capital plenamente realizado e seus antagonismos estruturais latentes – o objeto central das análises de Marx – dramaticamente ativados.

A dificuldade é que o capital pode reestruturar suas válvulas de escape segundo as exigências de uma *totalidade intensiva* quando forem alcançados os limites de sua *totalidade extensiva*. Até esse ponto também o capital persegue a "linha de menor resistência", tanto se pensarmos as mudanças históricas no modo de explorar as classes trabalhadoras "metropolitanas" como nos seus diferentes modos de dominar o mundo colonizado e "subdesenvolvido". Apenas quando o fluxo de "*mais-valor absoluto*" não mais for adequado à sua necessidade de autoexpansão, apenas então o território incomparavelmente mais vasto do "*mais-valor relativo*" será plenamente explorado, removendo os obstáculos, devido à ineficiência original de sua ganância natural, ao livre desenvolvimento do capital. Nesse sentido, o tamanho do "mundo redondo" poderá muito bem ser dobrado, ou multiplicado por dez, dependendo de uma série de outras condições e circunstâncias – inclusive políticas. Similarmente, sob a pressão de sua própria dinâmica, assim como de vários outros fatores para além de seu controle, o capital pode assumir uma multiplicidade de formas "mistas" ou "híbridas" – e tudo isso ajuda a estender sua sobrevida.

Nessa perspectiva importa muito pouco que o dilúvio esperado nos anos 1850 e 1860 não tenha se materializado. Primeiro porque o colapso do capital não tem absolutamente de assumir a forma de um dilúvio (apesar de, em algum estágio, esse não poder ser excluído). E, segundo, porque o que de fato importa – a desintegração estrutural do capital em *todas* as suas formas historicamente viáveis – é uma questão da

Apêndice 1 – Como poderia o Estado fenecer? 157

escala de tempo que corresponda adequadamente à natureza intrínseca dos determinantes e dos processos sociais envolvidos. Se a "impaciência revolucionária" do pensador particular – sua temporalidade subjetiva – entra em conflito com a escala de tempo histórico-objetiva de sua própria visão, isso por si só não invalida em nada sua teoria. Pois a validade de suas visões vai depender de sua perspectiva histórica global, se captura ou não as tendências fundamentais de desenvolvimento tal como elas se desdobram em não importa qual escala de tempo. Temporalidade subjetiva não deve ser confundida com *subjetivismo*. A primeira – tal como a *vontade* otimista de Gramsci, que ele confronta com o "pessimismo do *intelecto*" – é uma força motivadora essencial que sustenta o indivíduo sob circunstâncias difíceis, a partir dos horizontes de uma visão de mundo que deve ser julgada em seus próprios méritos. Subjetivismo, pelo contrário, é uma imagem arbitrária que substitui por si própria a necessária visão abrangente do mundo e vai diametralmente contra as tendências reais de desenvolvimento.

Enquanto na obra de Marx também se pode detectar, sem dúvida, um conflito de intensidade variável entre as escalas de temporalidade subjetiva e objetiva (muito mais intenso nas décadas de 1850 e 1860 do que após a derrota da Comuna de Paris), ele nunca permitiu que mesmo sua esperança mais otimista minasse a arquitetura monumental de seus "contornos fundamentais". Ele alertava com grande realismo que "as antecipações doutrinárias e necessariamente fantásticas do programa de ação para a revolução do futuro nos distraem da luta do presente"[48].

Desse modo, Marx foi capaz de colocar o presente em sua perspectiva apropriada porque o avaliou do ponto de vista global, temporalmente não apressado, da formação social do capital em sua inteireza – da sua "ascendência" à sua gravidez com a "nova forma histórica" –, que é a única em condições de designar o verdadeiro significado de todos os eventos e acontecimentos parciais. E, já que continuamos a viver na órbita das mesmas determinações históricas mais gerais, a concepção geral de Marx é – e permanecerá sendo por muito tempo – o horizonte inevitável de nossas próprias dificuldades.

---

[48] Carta de Karl Marx a Domela Nieuwenhuis, 22 fev. 1881, em MECW (1992), v. 46.

6. Ambiguidades temporais e mediações que faltam

Em tais horizontes, contudo, o peso relativo das forças e tendências que nos confrontam exige uma redefinição significativa. Para colocar a questão-chave em uma sentença: as *mediações* a que Marx tão teimosamente resistiu são, não antecipações de um futuro mais ou menos imaginário, mas realidades ubíquas do presente. Vimos que o modo pelo qual se constituiu o sistema marxiano trouxe com ele tanto a definição radicalmente negativa da política como a abominação das mediações como prática miserável da conciliação e da cumplicidade com a ordem estabelecida. A ruptura tinha de ser divisada como a mais radical possível, permitindo, mesmo para a política socialista, um papel extremamente limitado, estritamente transitório. Isso é claramente expresso na seguinte passagem:

> já que o proletariado, durante o período da luta para derrubar a velha sociedade, ainda age com base na velha sociedade e, consequentemente, no interior de formas políticas que pertencem mais ou menos àquela sociedade, durante este período de luta, ele ainda não atinge sua *estrutura final*, e para realizar a sua *libertação* ele emprega meios que serão depois *descartados após a libertação*.[49]

Nessa negatividade sem compromisso para com a política, várias determinações se encontram e reforçam-se reciprocamente. São elas: o desprezo pelos limites políticos da "miséria alemã"; a crítica da concepção política de Hegel, devido à "falsa positividade" de suas reconciliações e mediações; a rejeição de Proudhon e dos anarquistas; as dúvidas extremas acerca de como se desenvolvia o movimento político da classe trabalhadora na Alemanha etc. Compreensivelmente, portanto, a atitude negativa de Marx poderia tão somente endurecer com o passar do tempo, em vez de "amadurecer" positivamente, como diz a lenda.

O fator mais importante da rejeição radical de Marx às mediações foi o caráter histórico global da própria teoria e as condições relativamente prematuras de sua articulação. Longe de corresponder à época do "dilúvio" real, sua concepção foi explicitada muito antes que se pudesse ver quais as alternativas que o capital poderia perseguir para deslocar suas contradições internas quando elas irrompessem em escala maciça.

---

[49] Karl Marx, "Notes on Bakunin's *Statehood and Anarchy*", em MECW (1989), v. 24, p. 521.

Apêndice 1 – Como poderia o Estado fenecer? 159

Por isso, até o fim de sua vida Marx procurou estratégias capazes de impedir que o capital penetrasse naqueles territórios que ainda não havia conquistado plenamente, de modo a permitir o seu desaparecimento o mais cedo possível, pois, em relação ao amadurecimento das contradições estruturais do capital, não era indiferente até onde iria se estender a esfera de dominação de seu modo de produção. Enquanto se pudessem acrescentar novos países ao domínio existente do capital, o aumento correspondente em recursos materiais e humanos auxiliaria no desenvolvimento de novas potencialidades produtivas e, portanto, postergaria a crise. Nesse sentido, a erupção e a consumação da crise estrutural sujeita às restrições do desenvolvimento capitalista nas décadas de 1850 e 1860 – isto é, sem uma integração econômica efetiva do resto do mundo à dinâmica da expansão do capital global – teriam um significado radicalmente diferente do que enfrentar o mesmo problema no contexto de recursos incomparavelmente mais flexíveis de um sistema mundial completado com sucesso. Se, portanto, houvesse como evitar que importantes territórios fossem absorvidos pelo capital, em princípio, isso deveria acelerar o amadurecimento de sua crise estrutural.

Precisamente por essa razão, é muito significativo que o último projeto importante de Marx se referisse à natureza dos acontecimentos na Rússia, como evidenciado, no rascunho das cartas a Vera Zasulitch, pelo enorme cuidado com que ele tenta definir sua posição em relação aos "modos arcaicos de produção". Em sua defesa corajosa das futuras potencialidades dos modos arcaicos – que contém também a sedutora e polêmica afirmação de que o próprio capitalismo "já atingiu seu estágio de definhamento e logo se tornará nada mais que uma formação 'arcaica'", que depois com razão eliminou de sua carta[50] –, ele ansiava por explorar a viabilidade de uma passagem direta da forma existente do "coletivismo arcaico" à sua forma superior, o socialismo, saltando completamente a fase capitalista. Ao mesmo tempo, ele estava tentando encontrar inspiração política e munição para a revolução social na necessidade postulada de defender a forma de um coletivismo arcaico existente, com todas as suas potencialidades positivas, da destruição pelos processos capitalistas. Em comparação, como resultado dos acontecimentos realmente ocorridos nas décadas seguintes, a abordagem de Lenin foi totalmente diferente. Ele partiu da firme premissa de que a penetração do capitalismo na Rússia

---

[50] Cf. MEW (4. ed., 1973), v. 19, p. 398.

tinha sido realizada de modo irreversível e que, portanto, a tarefa era quebrar o "elo mais fraco" da cadeia global, de modo a precipitar a reação em cadeia pela revolução política do sistema do capitalismo mundial.

* * *

A MOLDURA de referência de Marx era *toda a fase histórica* da formação social do capital, de sua acumulação original até sua dissolução última. Uma de suas preocupações fundamentais era demonstrar o *caráter* inerentemente *transicional* (*Übergangscharakter*) do sistema capitalista *como tal*, em constante polêmica contra a "eternização" desse modo de produção pelos teóricos burgueses. Tal concentração na estrutura histórica mais ampla trouxe consigo, inevitavelmente, uma mudança de perspectiva que enfatizava agudamente os contornos fundamentais e as determinações básicas; da mesma forma, tratava as transformações e mediações parciais como de importância secundária e como diretamente responsáveis, com frequência, pelas detestadas mistificações e conciliações mediadoras.

Em qualquer caso, quando a moldura de referência é toda uma fase histórica, fica muito difícil manter constantemente à vista – quando se trata do presente imediato – que as conclusões sejam válidas em uma escala temporal de longo prazo; e é particularmente difícil fazê-lo no nível do discurso político, que visa a mobilização direta. Se, contudo, essa ambiguidade temporal é deixada sem solução, suas consequências necessárias são ambiguidades no núcleo da própria teoria. Para ilustrar isso, vamos nos concentrar em alguns exemplos diretamente relevantes.

O primeiro deles pode ser encontrado na penúltima citação feita aqui, na qual Marx atribui a política à velha sociedade. Ele fala de uma "estrutura *final*" que deve ser atingida, insistindo ao mesmo tempo que a política "será *descartada* após a *libertação*". Mas a possibilidade de "descartar" a política após a libertação está longe de estar clara. Além disso, a ambiguidade real se refere à própria "*libertação*". Qual é sua temporalidade precisa? Não pode ser apenas a conquista do poder (apesar de, no sentido primário do termo, poder sê-lo), já que Marx a liga à "estrutura *última*" (*schliessliche Konstitution*) do proletariado. Isso significa, de fato, que o ato de libertação (a revolução política) está muito aquém da própria libertação. E as dificuldades não param aqui, pois a "estrutura última" do proletariado é, segundo Marx, sua necessária autoabolição. Consequentemente, somos solicitados a aceitar simultaneamente que a política pode não ser problemática – no sentido de que o proletariado pode simplesmente *usá-la* como *meio* para seu final soberano, quando então é descartada – ou ser extremamente problemática, por pertencer à "velha sociedade" (e, portanto, inevitavelmente condiciona e constrange todos os esforços emancipatórios), razão pela qual deve ser radicalmente transcendida.

Tudo isso soa um pouco desconcertante. E, contudo, nada há de errado com essa concepção, se sua referência for sua escala temporal de *longo prazo*. As dificuldades começam a se multiplicar quando se tenta torná-la operacional no contexto da temporalidade imediata. Nesse caso torna-se imediatamente claro que a translação das perspectivas de longo prazo para a modalidade das estratégias imediatamente praticáveis não pode ser feita sem primeiro elaborar as *mediações políticas* necessárias. É a brecha estrutural de tais mediações que está sendo preenchida pelas ambiguidades teóricas, articulando a ambiguidade não solucionada das duas – fundamentalmente diferentes – escalas de tempo envolvidas.

Uma ambiguidade teórica igualmente séria surge em *Salário, preço e lucro*, obra na qual – em comparação com as estratégias sindicais estreitas – Marx recomenda à classe trabalhadora que, "em vez do lema *conservador*: 'um salário justo por uma jornada de trabalho justa', deverá inscrever em sua bandeira esta divisa *revolucionária*: 'abolição do sistema de trabalho assalariado!'"[51].

Indubitavelmente a proposta de Marx de atacar as *causas* dos males sociais, em vez de enfrentar batalhas necessariamente perdidas contra os meros *efeitos* do processo de autoexpansão do capital, é a única estratégia correta a ser adotada. Contudo, no momento em que tentamos entender o significado operacional/prático da "abolição do sistema de trabalho assalariado", trombamos com uma enorme ambiguidade. A escala da temporalidade imediata – a necessária moldura de referência de toda ação política tangível – a define como a abolição da propriedade privada e, portanto, a "expropriação dos expropriadores", o que pode ser realizado por decreto na sequência da revolução socialista. Não é surpreendente, portanto, que o "lema revolucionário" sobre a

---

[51] Karl Marx, "Lohn, Preis und Profit" ["Salário, preço e lucro", publicado em inglês sob o título "Value, Price and Profit"], em MEW (1962), v. 16, p. 153, e MECW (1985), v. 20, p. 149 [ed. bras.: "Salário, preço e lucro", em Karl Marx e Friedrich Engels, *Textos 1*, São Paulo, Sociais, 1977, p. 377-8].

162 *A montanha que devemos conquistar*

abolição do sistema de trabalho assalariado tenha normalmente sido assim interpretado.

O problema é, contudo, que muito do "sistema de trabalho assalariado" não pode ser abolido por qualquer decreto revolucionário e, consequentemente, deve ser transcendido na longa escala de tempo da nova forma histórica. Ou seja, imediatamente após a "expropriação dos expropriadores" não apenas os meios, as tecnologias e os materiais de produção herdados permanecem os mesmos, com suas ligações com o sistema de troca, distribuição e consumo dado, mas a própria organização do processo de trabalho permanece profundamente encastoada naquela *divisão social hierárquica do trabalho* que vem a ser a mais pesada opressão herdada do passado. Portanto, na necessária escala temporal de longo prazo – a única capaz de realizar as transformações socialistas *irreversíveis* –, o chamamento marxiano pela "abolição do sistema de trabalho assalariado" não apenas não significa abolição do *sistema de trabalho assalariado* como não significa *abolição*.

O verdadeiro objetivo da estratégia defendida por Marx é a divisão social hierárquica do trabalho, que simplesmente não pode ser *abolida*. Tal como o Estado, ela pode apenas ser *transcendida* por meio da *reestruturação radical* de todos aqueles processos e estruturas sociais pelos quais ela necessariamente se articula. Novamente, como podemos ver, não há nada errado com a concepção global de Marx e com sua temporalidade histórica de longo prazo. O problema surge de sua tradução direta no que ele denomina "divisa revolucionária" a ser inscrita na bandeira de um movimento dado. É simplesmente *impossível* traduzir *diretamente* as perspectivas *últimas* em estratégias políticas praticáveis.

Como resultado, também nesse aspecto, o abismo das *mediações que faltam* é preenchido pela profunda ambiguidade dos termos de referência de Marx quando articulados às suas dimensões temporais. E, apesar de ele estar absolutamente correto em insistir que "a classe trabalhadora deveria não exagerar aos seus próprios olhos o resultado *final* dessas lutas *diárias*"[52], a reafirmação apaixonada da validade das amplas perspectivas históricas não resolve o problema.

O conflito entre temporalidades revela uma dificuldade inerente à realização da própria estratégia, e que não pode ser eliminada por metáforas e ambiguidades, mas apenas pelas mediações materiais e institucionais

---

[52] Ibidem, em MECW (1985), v. 20, p. 148 [ed. bras.: p. 377].

Apêndice 1 – Como poderia o Estado fenecer? 163

historicamente viáveis. O dilema, na sua realidade mais crua, é este: o ato revolucionário de libertação não é absolutamente libertação (ou emancipação) em si, e a "abolição do sistema de trabalho assalariado" está muito longe de ser sua transcendência real.

Pressionado pela inviabilidade histórica das mediações práticas necessárias, Marx é forçado a decidir-se por uma solução que simplesmente reitera o objetivo final como regra geral para guiar a ação imediata. Assim, preenche o fosso entre o horizonte muito distante e aquilo que é praticamente viável no futuro próximo ao dizer que a classe trabalhadora *deve usar* "suas forças organizadas como uma *alavanca* para a emancipação *final* da classe trabalhadora, o que quer dizer a abolição *final* do sistema de trabalho assalariado"[53].

Desse modo, a questão crucial para a política socialista é: como conquistar as *mediações necessárias* e ao mesmo tempo evitar a armadilha das *falsas mediações*, constantemente produzidas pela ordem estabelecida de modo a integrar as forças de oposição. Isso significa que a realidade de um dado conjunto de "más mediações" – com toda a sua "falsa positividade", corretamente condenada por Marx – apenas pode ser combatida por outro conjunto de mediações específicas, de acordo com as circunstâncias cambiantes. Em outras palavras, as pressões para a acomodação da temporalidade *imediata* não podem ser efetivamente transcendidas pela simples reafirmação da validade de seus amplos horizontes históricos. E, embora a formação social do capital (se considerada em sua escala histórica apropriada, englobando toda a época), como diz Marx, tenha caráter indubitavelmente *transitório*, do ponto de vista das forças *imediatamente* engajadas na luta contra sua dominação mortal, está longe de ser transitória. Desse modo, para transformar o projeto socialista em uma *realidade irreversível*, temos de completar muitas *"transições dentro da transição"*, tal como em outro aspecto o socialismo se define como *"revoluções dentro da revolução"* que constantemente se renovam.

Nesse sentido, a radical transcendência do Estado é um lado da moeda, representando os horizontes *finais* de toda estratégia socialista. Como tal, deve ser complementada pelo outro lado, a saber, pelo projeto de *mediações* concretas pelas quais a estratégia final pode ser progressivamente traduzida em realidade. A questão é, portanto, como reconhecer, por um lado, as demandas da *temporalidade imediata* sem ser por elas

---

[53] Ibidem, p. 149 [ed. bras.: p. 377-8].

164 *A montanha que devemos conquistar*

aprisionado; e, por outro lado, como permanecer firmemente orientado para as perspectivas *históricas* últimas do projeto marxiano sem se afastar das determinações candentes do presente imediato.

Já que para o futuro previsível os horizontes da política como tal não podem ser transcendidos, isso significa simultaneamente "negar" o Estado e atuar no seu interior. Como órgão geral da ordem social estabelecida, o Estado é inevitavelmente predisposto a favorecer o presente imediato e resiste à realização das generosas perspectivas históricas da transformação socialista que postulam o "fenecimento" do Estado. Assim, a tarefa se define como um duplo desafio, visando:

1) instituir órgãos não estatais de controle social e crescente auto-administração que podem cada vez mais abarcar as áreas de maior importância da atividade social no curso da nossa "transição na transição"; e, conforme permitam as condições,

2) produzir um deslocamento consciente nos próprios órgãos estatais – em conjunção com (1) e através das mediações globais e internamente necessárias – de modo a tornar viável a realização das perspectivas históricas últimas do projeto socialista.

Certamente, todos esses processos estão articulados à maturação de algumas condições objetivas. Enfrentar toda a problemática do Estado envolve uma multiplicidade de determinações externas e internas em sua íntima interconectividade, nas quais o Estado é tanto o órgão geral de uma dada sociedade como representa a ligação desta com a totalidade social de sua época histórica. Consequentemente, o Estado é, em um sentido, *mediação por excelência*, já que articula, ao redor de um foco político comum, a totalidade das relações internas – dos intercâmbios econômicos aos laços estritamente culturais – e as integra em vários graus também à estrutura global da formação social dominante.

Já que o capital, durante a vida de Marx, estava muito distante da sua moderna articulação como um sistema verdadeiramente global, sua estrutura geral de comando político, como sistema de Estados globalmente interligados, era muito menos visível em sua precisa mediaticidade. Não é, portanto, de modo algum surpreendente que Marx nunca tenha tido sucesso em sequer rascunhar os meros esboços de sua teoria do Estado, apesar de este receber um lugar muito preciso e importante no seu sistema projetado como um todo. Hoje a situação é absolutamente diferente, à

Apêndice 1 – Como poderia o Estado fenecer? 165

medida que o sistema global do capital, sob uma variedade de formas muito diferentes (na verdade contraditórias), encontra seu equivalente político na totalidade das relações interdependentes entre Estados e no interior deles. É por isso que a elaboração da teoria marxista do Estado hoje é ao mesmo tempo possível e necessária. Na verdade, é vitalmente importante para o futuro das estratégias socialistas viáveis.

* * *

A PROPOSIÇÃO marxiana de que "Os homens devem mudar de cima a baixo as condições de sua existência industrial e política, e consequentemente toda a sua maneira de ser"[54] permanece mais do que nunca válida como direção estrategicamente necessária do projeto socialista. As derrotas sofridas no século XX aconteceram em larga medida devido ao abandono do verdadeiro alvo da transformação socialista: a necessidade de vencer a guerra da época, indo irreversivelmente para além do capital (o que significa atingir a "nova forma histórica"), em vez de se satisfazer com vitórias efêmeras em algumas batalhas contra as divisões mais fracas do capitalismo (por exemplo, o sistema czarista na Rússia, economicamente atrasado e derrotado militarmente), permanecendo ao mesmo tempo desesperançosamente aprisionado pelos imperativos alienantes e autoexpansivos do próprio sistema do capital. Na verdade, o que torna as coisas piores nesse aspecto é que a revolução socialista mesmo nos países "capitalistas mais avançados" em nada alteraria a necessidade, e as dificuldades envolvidas, de se ir para além do capital.

O atraso econômico é um dos muitos obstáculos que devem ser superados no percurso para a "nova forma histórica", mas de modo algum o maior deles. Uma vez passadas as piores condições da crise que precipitaram a explosão revolucionária – de modo a tornar novamente possível seguir a "linha de menor resistência" às custas dos outros que se encontram na dependência do "país metropolitano desenvolvido" em questão –, a tentação de reincidir nos modos de funcionamento do sociometabolismo anteriormente estabelecidos em um dos antigos países "capitalistas avançados" não pode ser subestimada. A realização bem-sucedida da tarefa de reestruturar radicalmente o sistema do capital global –

---

[54] Karl Marx, *The Poverty of Philosophy* (Londres, Martin Lawrence, s/d), p. 123. Também pode ser encontrado em MECW (1976), v. 6.

166 *A montanha que devemos conquistar*

com suas multifacetadas e inevitáveis dimensões conflituosas internas e externas – é viável apenas como um imenso empreendimento histórico, sustentado por muitas décadas. Seria tranquilizador pensar, como algumas pessoas de fato sugeriram, que uma vez que os países capitalistas avançados embarcassem na via da transformação socialista a jornada seria fácil. Contudo, geralmente se esquecem, nessas projeções otimistas, que o que está em jogo é um salto monumental da dominação do capital para um modo *qualitativamente* diferente de controle sociometabólico. E, a esse respeito, o fato de se estar atado por uma malha mais aperfeiçoada de determinações estruturais e de práticas reprodutivas e distributivas do "capitalismo avançado" representa uma vantagem bastante duvidosa.

O imperativo de se ir para além do capital como controle sociometabólico, com suas dificuldades quase proibitivas, é a condição compartilhada pela humanidade como um todo. Pois o sistema do capital, por sua própria natureza, é um modo de controle global/universalista que não pode ser historicamente superado, exceto por uma alternativa sociometabólica igualmente abrangente. Assim, toda tentativa de superar os limites de um estágio historicamente determinado do capitalismo – nos parâmetros estruturais necessariamente orientados-para-a-expansão e propensos-à-crise do sistema do capital – está destinada mais cedo ou mais tarde ao fracasso, independentemente de quanto sejam "avançados" ou "subdesenvolvidos" os países que tentarem fazê-lo. A ideia de que, uma vez que a relação de forças entre os países capitalistas e os pós-capitalistas tenha mudado em favor dos últimos, a via da humanidade para o socialismo será uma jornada tranquila é na melhor das hipóteses ingênua. Foi concebida na órbita da "revolução enclausurada", atribuindo os fracassos do sistema do tipo soviético a fatores externos (até quando falava da "sabotagem interna pelo inimigo"). Nela ignoram-se – ou deseja-se descartar – os antagonismos materiais e políticos, necessariamente gerados pela ordem pós-capitalista de extração forçada do trabalho excedente, tanto sob Stalin como depois dele. É a dinâmica *interna* do desenvolvimento que decide finalmente a questão, decidindo potencialmente pelo pior, mesmo sob as mais favoráveis relações externas de forças.

Desse modo, o conceito de *irreversibilidade* da transformação socialista tem significado apenas se se referir ao ponto sem volta da dinâmica interna de desenvolvimento, para além das determinações estruturais do capital, como modo de controle sociometabólico, abarcando plenamente

Apêndice 1 – Como poderia o Estado fenecer? 167

todas as três dimensões do sistema herdado: *capital, trabalho* e *Estado*. O *salto qualitativo* no discurso marxiano – o aforismo bem conhecido de *O 18 de brumário de Luís Bonaparte** sobre *"Hic Rhodus, hic salta!"* – antecipa a época em que a luta, por muito tempo sustentada, para se mover para além do capital se torna *globalmente irreversível* porque está completamente sintonizada com o desenvolvimento interno dos países envolvidos. E na visão de Marx isso se torna possível apenas como resultado do impacto corretivo e cumulativo da autocrítica radical exercida pelo sujeito social da emancipação, o trabalho, que não deve estar apenas nominalmente (como vimos até agora, sob a autoridade das "personificações do capital" pós-capitalistas), mas genuína e efetivamente encarregado do processo sociometabólico.

Claramente, contudo, o processo de transformação socialista – precisamente porque deve abarcar todos os aspectos da inter-relação entre *capital, trabalho* e *Estado* – é concebível apenas como uma forma de reestruturação transitória no poder das mediações materiais herdadas e progressivamente alteráveis. Como no caso do pai de Goethe (mesmo que por razões muito diferentes), não é possível colocar abaixo o prédio existente e erigir outro com fundações completamente diferentes em seu lugar. A vida deve continuar na casa escorada durante todo o curso da reconstrução, "retirando um andar após o outro de baixo para cima, inserindo a nova estrutura, de tal modo que ao final nada deve ser deixado da velha casa"[55]. Na verdade, a tarefa é ainda mais difícil do que essa. Pois a estrutura de madeira em deterioração do prédio também deve ser substituída no curso de retirada da humanidade da perigosa moldura estrutural do sistema do capital.

Desconcertantemente, a "expropriação dos expropriadores" deixa em pé a estrutura do capital. Tudo que pode realizar por si é mudar o tipo de personificação do capital, mas não a necessidade de tal personificação. Como ficou demonstrado, não apenas pela significativa continuidade do pessoal de comando da economia e do Estado nas sociedades pós-revolucionárias, mas também pelos movimentos de restauração pós-soviética em toda a Europa oriental, frequentemente o pessoal pode permanecer o mesmo mudando, por assim dizer, apenas a carteira de filiação ao partido.

---

* São Paulo, Boitempo, 2011. (N. E.)

[55] J. W. Goethe, *Aus meinem Leben: Dichtung und Wahrheit*, em *Goethes Werke* (Berlim/Leipzig/Viena/Stuttgart, Deutsches Verlangshaus Bong & Co., s/d), v. 9, p. 11.

168 *A montanha que devemos conquistar*

Isso ocorre porque as três dimensões fundamentais do sistema – *capital, trabalho* e *Estado* – são *materialmente* constituídas e ligadas uma a outra, e não simplesmente em uma base legal/política. Sendo assim, nem o capital, nem o trabalho, nem sequer o Estado podem ser simplesmente *abolidos,* mesmo pela mais radical intervenção jurídica. Não é, portanto, de modo algum acidental que a experiência histórica tenha produzido abundantes exemplos de *fortalecimento* do Estado pós-revolucionário, sem dar sequer o menor passo na direção de seu "fenecimento". O trabalho pós-revolucionário, no seu modo imediatamente viável de existência, tanto em antigas sociedades capitalistas avançadas como em países subdesenvolvidos, permanece diretamente atado à substância do capital, isto é, à sua existência material como determinação estrutural vigente do processo de trabalho, e não à sua forma historicamente contingente de personificação jurídica. A substância do capital, como poder determinante do processo sociometabólico, materialmente encastoado, incorrigivelmente hierárquico e orientado-para--a-expansão, permanece o mesmo enquanto esse sistema – tanto em suas formas capitalistas como nas pós-capitalistas – puder exercer com sucesso as funções controladoras do trabalho historicamente alienadas. Diferentemente, as formas político/jurídicas de personificação, por meio das quais os imperativos objetivos reprodutivos do sistema do capital ("a dominação da riqueza sobre a sociedade", nas palavras de Marx) continuam a ser impostos ao trabalho, *podem* e *devem* variar em consonância com as circunstâncias históricas mutáveis, já que tais variações surgem como tentativas necessárias de remediar algumas perturbações importantes ou a crise do sistema no interior de seus próprios parâmetros estruturais. Isso é verdade não apenas nos casos historicamente raros de mudança dramática de uma forma de reprodução sociometabólica capitalista para uma pós-capitalista, mas também nas mudanças muito mais frequentes, e de caráter completamente temporário, das variedades de capitalismo democrático-liberais para as militar-ditatoriais, e de volta para a forma liberal-capitalista economicamente mais viável. Através dos séculos, a única coisa que deve permanecer constante, no que diz respeito às personificações do capital em todas essas metamorfoses do pessoal de controle, é que sua identidade funcional deve ser sempre definida em *contraposição* ao trabalho.

Devido à inseparabilidade das três dimensões do sistema do capital plenamente articulado – capital, trabalho e Estado –, é inconcebível

Apêndice 1 – Como poderia o Estado fenecer? 169

emancipar o trabalho sem simultaneamente superar o capital e o Estado. Pois, paradoxalmente, o pilar material fundamental de suporte do capital não é o Estado, mas o trabalho em sua contínua dependência estrutural do capital. Na sequência da conquista do poder político, Lenin e outros falaram da inevitável necessidade de "esmagar o Estado burguês" como tarefa imediata da ditadura do proletariado. Ao mesmo tempo, como um alerta, Lukács projetou a imagem do proletariado "virando sua ditadura contra si mesmo", como vimos anteriormente. Todavia, a dificuldade está em que a conquista do poder de Estado está muito distante de significar o controle sociometabólico da reprodução. É de fato possível esmagar o Estado burguês pela conquista do poder político, pelo menos em uma extensão significativa. Contudo, é quase impossível "esmagar" a dependência estrutural herdada do trabalho em relação ao capital, já que essa dependência é assegurada materialmente pela divisão estrutural hierárquica do trabalho estabelecida. Pode ser alterada para melhor apenas pela reestruturação radical da totalidade do processo socioreprodutivo, isto é, por meio da reconstrução progressiva do edifício herdado em sua totalidade. Pregar a necessidade – e a correção ética – de uma alta disciplina do trabalho, como Lukács tentou fazer, evita (no melhor dos casos) a questão de quem realmente está no comando das determinações produtivas e distributivas do processo de trabalho pós-revolucionário. Enquanto as funções controladoras vitais do sociometabolismo não forem efetivamente ocupadas e exercidas autonomamente pelos produtores associados, mas deixadas à autoridade de um pessoal de controle separado (ou seja, um novo tipo de personificação do capital), o próprio trabalho continuará a reproduzir o poder do capital contra si mesmo, mantendo materialmente e dessa forma estendendo a dominação da riqueza alienada sobre a sociedade.

Sob tais circunstâncias, é isso que torna totalmente irrealista o palavrório acerca do "fenecimento do Estado". Ou seja, na sequência da "expropriação dos expropriadores" e da instituição de um novo, mas igualmente separado, pessoal de controle, a autoridade do último deve ser politicamente estabelecida e imposta na ausência de um direito jurídico anterior para controlar as práticas produtiva e distributiva com base na posse da propriedade privada. Desse modo, o *fortalecimento* do Estado pós-revolucionário não ocorre simplesmente em relação ao mundo *exterior* – o qual, após a derrota das forças intervencionistas na Rússia, era de fato incapaz de exercer um impacto importante no curso

170   *A montanha que devemos conquistar*

dos acontecimentos *internos* –, mas sobre e contra a *força de trabalho*. E tendo em vista a máxima extração politicamente regulada do trabalho excedente, esse fortalecimento se transforma numa perversa necessidade estrutural, e não numa "degeneração burocrática" facilmente corrigível, a ser retificada no plano político graças a uma nova "revolução política".

Como demonstrou a implosão do sistema soviético do capital, dado o poder estatal enormemente fortalecido no país, era muito mais fácil tramar *uma contrarrevolução política de cima* do que divisar realisticamente uma *revolução política de baixo* como forma de corrigir as contradições da ordem estabelecida. Mesmo se uma nova revolução política das massas pudesse prevalecer por um momento, ainda assim permaneceria a ser cumprida a tarefa real de reestruturar fundamentalmente o sistema do capital pós-capitalista. Em comparação, a *perestroika* pretendida por Gorbachev não tinha de reestruturar absolutamente nada no domínio hierárquico/estrutural do controle sociometabólico dado. Sua proclamação da "igualdade de todos os tipos de propriedade" – ou seja, a *restauração jurídica dos direitos da propriedade privada capitalista* para benefício de alguns – operada na esfera das personificações do capital apenas tornava hereditariamente "justificado" (em nome das prometidas "racionalidade econômica" e "eficiência de mercado") o que eles já controlavam *de facto*. Instituir mudanças legal-políticas no plano da titulação de propriedade é uma brincadeira de criança comparada à tarefa penosa e prolongada de superar o modo pelo qual o capital controla a ordem sociorreprodutiva.

O "fenecimento do Estado" – sem o que a ideia de realizar o socialismo não pode ser seriamente contemplada sequer por um momento – é inconcebível sem o "fenecimento do capital" como regulador do processo sociometabólico. O círculo vicioso que, por um lado, prende o trabalho à dependência estrutural do capital e, por outro, o coloca em uma posição subordinada no que concerne à tomada política de decisão por um poder estatal estranho apenas pode ser quebrado se os produtores progressivamente cessarem de reproduzir a supremacia material do capital. Isso eles só podem fazer desafiando radicalmente a divisão estrutural hierárquica do trabalho. É, portanto, de importância fundamental ter em mente que o fortalecimento perverso do Estado pós-capitalista não é uma causa autossustentável, mas uma causa inseparável da dependência estrutural do trabalho em relação ao capital. Essa determinação contraditória do trabalho, sob o comando continuado do capital (mesmo que numa nova forma), se afirma apesar do fato de que o capital sempre foi – e só pode ser – reproduzido como a corporificação do trabalho em forma alienada e autoperpetuadora. Já que, contudo, a determinação antagônica em questão é inerente à *estrutura de comando material do capital*, que apenas é *complementada*, e não *fundada*, no Estado enquanto uma estrutura abrangente de comando político do sistema, o problema da autoemancipação do trabalho não pode ser enfrentado apenas (nem principalmente) em termos políticos. Através da história moderna, as incontáveis "revoluções traídas" fornecem evidências dolorosamente abundantes a respeito.

A crítica necessária do poder do Estado, com o objetivo de reduzi-lo e ao final superá-lo, só tem sentido se for praticamente implementado, em seu ambiente sociometabólico/material-reprodutivo. Pois o "fenecimento" do Estado implica não apenas o "fenecimento" do capital (como o controlador objetivado e reificado da ordem social-reprodutiva), mas também a autotranscendência do trabalho da condição de subordinado aos imperativos materiais do capital imposta pelo sistema prevalecente da divisão estrutural/hierárquica de trabalho e poder estatal. Isso é possível apenas se todas as funções de controle do sociometabolismo – que sob todas as formas de dominação do capital devem estar investidas na estrutura de comando material e política de um poder de tomada de decisão alienado – forem progressivamente apropriadas e positivamente exercidas pelos produtores associados. Nesse sentido, o afastamento estrutural objetivo das personificações do capital (em vez do político-jurídico insustentável por si mesmo) por meio de um sistema de *autoadministração* genuíno é a chave para a reconstrução bem-sucedida das estruturas herdadas.

Apêndice 2
ENTREVISTA COM
ISTVÁN MÉSZÁROS*

Folha – O senhor vem ao Brasil para falar sobre György Lukács. Como profundo conhecedor do legado do filósofo, como avalia a importância de suas ideias hoje?

István Mészáros – Lukács foi meu grande professor e amigo por 22 anos, até sua morte, em 1971. Ele começou como crítico literário politicamente consciente quase setenta anos antes. Com o passar do tempo, foi se movendo na direção dos temas filosóficos fundamentais. Seus três trabalhos principais nesse campo – *História e consciência de classe*** (1923), *O jovem Hegel* (1948) e *A destruição da razão* (1954) – sempre resistirão ao teste do tempo.

Seus estudos históricos e estéticos sobre grandes figuras da literatura alemã, russa e húngara seguem como os mais influentes em muitas universidades. Além disso, ele é autor de uma monumental síntese estética, que, tenho certeza, virá à luz um dia também no Brasil. Felizmente, seus igualmente monumentais volumes sobre problemas da ontologia

---

* Concedida por e-mail à jornalista Eleonora de Lucena, repórter especial da *Folha de S.Paulo*, e publicada no caderno *Ilustríssima* do jornal, em 17 de novembro de 2013, às vésperas da vinda do filósofo ao Brasil, por ocasião do lançamento de *O conceito de dialética em Lukács* (trad. Rogério Bettoni, São Paulo, Boitempo, 2013). Publicada neste volume, a pedido do autor, com a autorização da Folhapress. Disponível em: <http://www1.folha.uol.com.br/ilustrissima/2013/11/1372042-chavez-e-china-sao-os-destaques-do-seculo-21-diz-o-filosofo-meszaros.shtml>, acesso em: 8 set. 2014. (N. E.)

** 2. ed., trad. Rodnei Nascimento, São Paulo, WMF Martins Fontes, 2012. (N. E.)

174   *A montanha que devemos conquistar*

do ser social estão sendo publicados agora pela Boitempo*. Eles tratam de algumas questões vitais da filosofia, que têm implicações de longo alcance inclusive para nossa vida cotidiana e para as lutas em curso.

O que é menos conhecido sobre a vida de Lukács é que ele esteve diretamente envolvido em altos níveis de organização política entre 1919 e 1929. Foi ministro de Educação e Cultura no breve governo revolucionário da Hungria em 1919, que surgiu a partir da grande crise da Primeira Guerra Mundial. No Partido, ele pertencia ao "grupo Landler"; era o segundo no comando. Esse grupo recebeu o nome em homenagem a Jenö Landler (1875-1928), que, antes de se tornar uma figura do alto escalão partidário, foi líder sindical. Ele buscava seguir uma linha estratégica mais ampla, com maior envolvimento das massas populares.

Lukács foi derrotado politicamente em 1929. No entanto, voltando a 1919, em um de seus artigos (que se encontra em meu livro editado agora pela Boitempo), ele alertava que o movimento comunista enfrentaria um grande perigo quando "o proletariado volta sua ditadura contra si mesmo"**. Ele provou ser tragicamente profético nesse alerta.

De qualquer forma, em todos os seus desempenhos públicos, políticos e teóricos, podem-se sempre encontrar evidências de sua grande estatura moral. Hoje lemos muito sobre corrupção em política. Vemos a importância de Lukács também como um exemplo positivo, mostrando que moralidade e política não só devem (conforme advogava Kant) como podem andar juntas.

O senhor e Lukács têm vidas que unem teoria e prática. Qual é a diferença entre ser um militante marxista no século XX e hoje?

A dolorosa e óbvia grande diferença é que os principais partidos da Terceira Internacional, que teve uma força organizacional significativa e até influência eleitoral durante algum tempo (como no caso dos partidos comunistas da França e da Itália), imploidram não só no Leste,

---

*   György Lukács, *Prolegômenos para uma ontologia do ser social* (trad. Lya Luft e Rodnei Antônio do Nascimento, São Paulo, Boitempo, 2010); *Para uma ontologia do ser social I* (trad. Carlos Nelson Coutinho et al, São Paulo, Boitempo, 2012); e *Para uma ontologia do ser social II* (trad. Nélio Schneider, com Ivo Tonet e Ronaldo Vielmi Fortes, São Paulo, Boitempo, 2013). (N. E.)

**   György Lukács, "Az erkölcs szerepe a komunista termelésben" [O papel da moral na produção comunista], citado em István Mészáros, *O conceito de dialética em Lukács*, cit., p. 41. (N. E.)

Apêndice 2 – Entrevista com István Mészáros 175

mas também no Ocidente. Apenas alguns partidos comunistas bem pequenos permanecem fiéis aos princípios de outrora. Essa implosão ocorreu muito tempo após a morte de Lukács.

Naturalmente, como militante intelectual por mais de cinquenta anos, ele estaria hoje desolado com esses desdobramentos. Mas partidos são criações históricas que respondem, de maneira boa ou ruim, a necessidades de mudança. Marx foi bem ativo antes da constituição de um partido importante que pudesse, depois, juntar-se à Terceira Internacional. Quanto ao futuro, alguns partidos radicalmente eficazes podem ser reconstituídos se as condições mudarem de forma significativa.

Mas o tema em si é muito mais amplo. A necessidade de combinar teoria e prática não está ligada a uma forma específica de organização. De fato, uma das tarefas mais cruciais para a combinação de teoria e prática é o exame da difícil questão sobre por que houve a implosão desses partidos, tanto no Ocidente quanto no Leste, e como seria possível remediar esse fracasso histórico no atual desenvolvimento da história.

O que significa ser um marxista hoje?

Praticamente o mesmo que Marx enxergou em seus dias. Mas, é claro, é preciso levar em consideração as mudanças históricas e as novas circunstâncias. Marx enfatizou de forma correta, desde o princípio, que, ao contrário do passado, uma característica crucial da análise socialista dos problemas é a confrontação com a autocrítica. Ser crítico ao que nos opomos tende a ser fácil. Afinal, é sempre mais fácil falar "não" do que encontrar uma forma positiva a ser utilizada para que as mudanças necessárias sejam realizadas.

É preciso um verdadeiro senso de proporção: compreender tanto fatores negativos – incluindo sua parte mais difícil da autocrítica – como as potencialidades positivas sobre as quais o progresso pode ser feito. Ambos os aspectos são relevantes. É essencial reexaminar com intransigente autocrítica até os acontecimentos históricos mais problemáticos do século passado, em conjunto com suas então expectativas. Isso se quisermos superar as contradições de nosso lado no futuro.

A pressão do tempo e os conflitos das situações históricas atuais tendem a nos desviar desse caminho de ação. Mas o princípio orientador de combinar crítica com genuína autocrítica será sempre um requisito essencial.

Quando a União Soviética acabou, muitos previram o fracasso do marxismo. Depois, com a crise de 2008, muitos previram o fim do

176   A montanha que devemos conquistar

neoliberalismo e a volta das ideias de Marx. De seu ponto de vista, o marxismo está em expansão ou não?

Você está certa. É preciso ser cuidadoso sobre conclusões apressadas e definitivas em qualquer direção. Usualmente, elas são geradas mais por desejos do que por evidências históricas. O colapso do governo Gorbachev não resolveu nenhum dos problemas em questão na União Soviética. A fantasiosa tese sem sentido do "fim da história" de Fukuyama não faz a menor diferença.

Também não é possível descartar o neoliberalismo pelo simples fato de que suas ideias e suas políticas, promovidas com agressivo triunfalismo, não são apenas perigosamente irracionais (haja vista sua atitude sobre a guerra), mas são absurdas suas defesas do devaneio do imperialismo liberal. Sob certas condições, mesmo absurdos perigosos obtêm apoio massivo, como sabemos pela história.

A verdadeira questão principal é quais são as forças subjacentes e as determinações que fazem o povo ir a becos sem saída em diferentes direções. A mudança de humor que colocou *O capital*, de Marx, nas mesas de café da moda (não para estudo, mas para mostrar tema de conversa) não significa que as ideias marxistas estão agora avançando por todo o mundo. É inegável que o aprofundamento da crise que vivenciamos hoje está gerando protestos por todo o mundo. Mas encontrar soluções sustentáveis para as causas que tendem a surgir em todos os lugares requer a elaboração de estratégias apropriadas e também correspondentes formas de organização que possam coincidir com a magnitude dos problemas em jogo.

E o que dizer sobre as ideias conservadoras? Elas estão ganhando mais adeptos?

Em certo sentido, elas estão inegavelmente ganhando mais adeptos, mesmo que não seja no terreno das ideias conservadoras sustentáveis. "Não mudar" é quase sempre muito mais fácil do que "mudar" uma forma estabelecida de comportamento. É a situação histórica real que induz as pessoas a ir numa direção em vez de em outra. Mas a questão permanece: o curso adotado é sustentável? Há uma conhecida lei da física, no terreno da eletricidade, que diz que a corrente elétrica segue a linha da menor resistência.

Isso é verdadeiro também sobre a situação de muitos conflitos sociais que decidem, mesmo que temporariamente, em que direção um problema deve ser equacionado naquele momento, dependendo da relação de forças (ou seja: a força de resistência à situação atual) e da capacidade de realização de alternativas adequadas. A viabilidade de longo prazo de um curso adotado em relação a outro não é de forma alguma garantia de melhor sucesso. Muitas vezes o oposto é o caso.

Em nossa situação histórica, as respostas viáveis de longo prazo podem requerer incomparáveis maiores esforços do que tentar seguir o "curso que deu certo no passado", em vez de encarar o desafio e o fardo de uma mudança estrutural radical. Mas os problemas são enormes, e a interação de forças na sociedade é sempre incomparavelmente mais complexa do que a direção da corrente elétrica. Por isso, é muito duvidoso que o que "deu certo" na linha conservadora da menor resistência funcione no médio prazo, muito menos no longo prazo.

Qual seria uma boa definição para o período histórico atual?

Essa é a questão mais importante em nosso período histórico, no qual crises se manifestam em diferentes planos da vida social. Se estamos preocupados em enfrentar uma solução historicamente sustentável para nossos graves problemas, entender a verdadeira natureza do debate das contradições é essencial. Conflitos e antagonismos históricos são passíveis apenas de soluções do tempo histórico. É muito confuso falar de capitalismo como um sistema mundial.

O capitalismo abarca apenas um período do sistema do capital. Só ultimamente é que constitui um sistema mundial de fato, para além da sustentabilidade do próprio capitalismo. O capitalismo como um modo social de reprodução é caracterizado pela extração predominantemente econômica do mais-valor do trabalho. Entretanto, há também outras formas de obter a acumulação do capital, como a já conhecida extração política do trabalho excedente, como no passado foi feito na União Soviética e em outros lugares.

Nesse sentido, é importante notar a diferença fundamental entre as tradicionais crises cíclicas/conjunturais do passado, pertencentes à normalidade do capitalismo, e a crise estrutural do sistema do capital como um todo – que define o atual período histórico. Por isso, tento sempre enfatizar que nossa crise estrutural (que pode ser datada do final dos anos 1960 e vem se aprofundando desde então) necessita de mudanças estruturais para uma solução duradoura possível. E isso certamente não pode ser atingido com uma "linha de menor resistência".

Quais são as figuras mais importantes deste século XXI até agora?

Como sabemos, o século XXI é ainda muito jovem e muitas surpresas estão por vir. Mas a figura política que teve o maior impacto na evolução histórica do século XXI – um impacto que deve perdurar e ser estendido – foi o presidente da Venezuela Hugo Chávez Frias, que morreu em março deste ano [2013].

Claro, Fidel Castro também está muito ativo na primeira metade desta década, mas as raízes de seu grande impacto histórico estão nos anos 1950. Do lado conservador, se ainda estivesse vivo, eu não hesitaria em nomear o general De Gaulle. Neste século, até agora, ninguém se alinha a sua estatura histórica no lado conservador.

E qual é o evento mais surpreendente do século XXI?

É provavelmente a velocidade com que a China conseguiu se aproximar da economia norte-americana, alcançando agora o ponto em que ultrapassar os Estados Unidos como "motor do mundo" (como definem de forma complacente) é considerado factível em apenas alguns anos. Era previsível, há muito tempo, que isso iria acontecer, tendo em vista o tamanho da população chinesa e a taxa de crescimento anual de sua economia. Mas muitos especialistas diziam que isso ocorreria daqui a muitas décadas.

No entanto, seria por demais ingênuo imaginar que a China pode permanecer imune à crise estrutural do sistema do capital, apenas porque seu balanço financeiro é incomparavelmente mais saudável do que o norte-americano. Mesmo o superávit de trilhões de dólares dos chineses pode evaporar de um dia para o outro, no meio de uma turbulência não muito distante no futuro. A crise estrutural, por sua própria natureza, obrigatoriamente afeta a humanidade como um todo. Nenhum país invoca imunidade a isso, nem mesmo a China.

As crises fazem parte do capitalismo. Qual é sua avaliação sobre a que eclodiu há cinco anos [2008]. Quem ganhou e quem perdeu?

Parte do capitalismo? Sim e não! Sim, no sentido limitado de que a crise eclodiu com intensidade dramática nos países capitalistas mais poderosos do mundo, que se autodenominam "capitalistas avançados". Mas muito de seu "avanço" é construído não apenas sobre privilégios de exploração (no passado e no presente) de suas relações de poder (políticas e econômicas) em relação ao chamado "Terceiro Mundo", mas também sobre o catastrófico endividamento de sua realidade econômica.

Escrevi, num artigo publicado no Brasil em 1987[*], que o "verdadeiro problema da dívida"[**] não era – como foi apontado na época – a dívida da América Latina, mas a dívida insolúvel dos Estados Unidos, que está fadada a acabar com uma colossal quebra, equivalente à magnitude de um terremoto econômico para o mundo todo. Há dois anos, quando dei minha última palestra no Brasil, apontei que a dívida dos Estados Unidos somava astronômicos 14,5 trilhões de dólares, antecipando seu inexorável aumento. Hoje nos movemos para os 17 trilhões de dólares, e mais e mais.

Qualquer um que imaginar que isso é sustentável no futuro ou que isso não vai afetar todo o mundo, quando o processo de crescimento inexorável do endividamento está fadado a levar a uma situação paralisante, deve viver num planeta diferente.

O capitalismo se fortaleceu ou se enfraqueceu com a crise?

As tradicionais crises cíclicas/conjunturais costumavam fortalecer o capitalismo no passado, já que eram eliminadas empresas capitalistas inviáveis. Assim, ocorria o que Schumpeter idealmente chamou de "destruição criativa". Os problemas são muito mais sérios hoje, porque a crise estrutural afeta até a dimensão mais fundamental do controle social metabólico da humanidade, incluindo a natureza, de forma perigosa. Assim, falar de "destruição criativa" nas condições atuais é totalmente autocomplacente. É muito mais apropriado descrever o que está acontecendo como uma "produção destrutiva".

A crise provocou mudanças políticas em muitos países. É possível discernir um movimento geral, mais para a esquerda ou mais para a direita?

Até agora, mais para a direita do que para a esquerda. Todos os governos dos países capitalisticamente avançados – e não apenas eles – adotaram políticas que tentam resolver os problemas por meio da "austeridade", com cortes reais em salários, assim como nos padrões de vida já precários daqueles que são geralmente descritos como os "menos privilegiados".

E a "linha de menor resistência" ajuda na extensão, ou, ao menos, na tolerância das respostas institucionais conservadoras dominantes para

---

[*] István Mészáros, *A necessidade do controle social* (trad. Mario Duayer, São Paulo, Ensaio, 1987). Esse artigo também foi publicado em *Para além do capital*, cit., p. 983-1.011.

[**] Idem, "A necessidade do controle social", em *Para além do capital*, cit., p. 558, nota 25.

180   *A montanha que devemos conquistar*

a crise. Mas é muito duvidoso que essas políticas, que agora tendem a favorecer a direita, produzam soluções duradouras.

Como o senhor previu, a pobreza aumentou nos últimos anos, mesmo em países do coração do capitalismo. Nos Estados Unidos, a desigualdade aumentou. No Reino Unido, há um movimento para dar comida aos pobres, coisa que não ocorria desde a Segundo Guerra. O que está errado no capitalismo? É possível que o sistema não possa mais gerar crescimento suficiente para a humanidade?

Dar cesta básica para os muito pobres não é o único sinal visível desse aspecto da crise, nem essa situação está confinada aos países capitalisticamente avançados, como o Reino Unido. Escrevi em *Para além do capital** (publicado em inglês em 1995) sobre a volta dos sopões. Nos últimos dois ou três anos, podemos vê-los na tela das TVs em escala maior no mais "avançado" (e privilegiado) país: os Estados Unidos. Certamente há algo de profundamente errado – e totalmente insustentável – na maneira pela qual o crescimento é perseguido sob o capitalismo.

Algumas formas, por sua natureza cancerosa de crescimento, são proibitivas mesmo em termos de condições elementares de ecologia sustentável. Porque elas são manifestações flagrantes de "produção destrutiva". Ao mesmo tempo, tanta coisa é desperdiçada como "lixo rentável", enquanto incontáveis milhões, agora mesmo nos países mais avançados capitalisticamente, precisam suportar dificuldades extremas. Há alguns dias, o ex-primeiro-ministro britânico John Major estava reclamando que neste inverno muitas pessoas no Reino Unido terão de escolher entre comer e se aquecer. Em 1992, quando ainda era primeiro-ministro, ele disse com máxima autocomplacência: "O socialismo está morto; o capitalismo funciona". Eu disse, então, "Precisamos perguntar: o capitalismo funciona para quem e por quanto tempo?".

A escolha entre comer e se aquecer, que ele é agora forçado a reconhecer, não é exatamente a prova de quão bem o "capitalismo funciona". Na realidade, o único crescimento com significado é o que responde à necessidade humana. Crescimento destrutivo, incluindo o vasto complexo industrial militar – chame-o de "destruição criativa" – demonstra

---

*   Publicado no Brasil pela Boitempo, em tradução de Paulo Cézar Castanheira e Sérgio Lessa, em maio de 2002, esse livro teve reimpressões em outubro de 2002, maio de 2006 e julho de 2009. A 1ª edição revista saiu em 2011 e foi reimpressa em janeiro de 2012. (N. E.)

apenas fracasso. O único crescimento historicamente sustentável para o futuro é aquele que fornece as mercadorias em resposta à necessidade humana e os recursos para aqueles que delas necessitam.

A crise ampliou o desemprego em muitas regiões e abalou o Estado de bem-estar social na Europa. Multidões foram às ruas protestar na Espanha, em Portugal, na França, na Inglaterra, na Grécia. Nos Estados Unidos, o Occupy Wall Street desapareceu. Qual deve ser o resultado desses movimentos? Há conexão entre eles? Os partidos de esquerda estão se beneficiando dessas ações ou não?

Em contraste com a idealização propagandística, o Estado do bem-estar social, na realidade, foi muito limitado a um punhado de países capitalistas. Mesmo lá foi construído sobre fundações frágeis. Não seria nunca expandido ao restante do mundo, apesar da promoção acrítica das teorias do desenvolvimento da modernização, sempre estruturadas no quadro contraditório do sistema do capital. A verdadeira tendência de longo prazo apontava no sentido oposto ao do idealizado Estado do bem-estar.

A tendência objetivamente identificável foi caracterizada por mim já nos anos 1970 como a "equalização descendente da taxa de exploração diferencial". Isso inclui as diferenças marcantes nos níveis de ganhos por hora de trabalhadores para exatamente o mesmo trabalho na mesma corporação transnacional (por exemplo, nas linhas de montagem da Ford) na "metrópole" em relação aos países "periféricos".

Essa tendência continua a se aprofundar e ainda está longe da necessária amplitude. Os protestos em muitos países capitalistas são compreensíveis e devem se aprofundar no futuro. Eles surgem nesse arcabouço dessa tendência perversa de equalização de longo prazo. Compreensivelmente, os partidos que operam no enquadramento da política parlamentar não podem se beneficiar dos protestos. Isso porque eles tendem a acomodar seus objetivos a limites restritos das consequências negativas decorrentes do Estado do bem-estar.

Lukács dizia que os sindicatos eram a organização social civil mais importante. Isso continua valendo?

A visão de Lukács sobre esse ponto era muito influenciada por seu camarada e amigo Jenö Lander, que, como já foi dito, foi um líder sindical antes de se tornar liderança do mesmo grupo partidário no qual Lukács também desempenhou um papel de liderança.

Lukács está certo sobre a contínua importância dos sindicatos, com um acréscimo fundamental. Não foi ressaltado suficientemente que a potencialidade dos sindicatos foi – e continua sendo – afetada de forma muito ruim pela divisão do movimento da classe trabalhadora organizada entre o chamado "braço industrial" (sindicatos) e o "braço político" (partidos) do trabalho.

A potencialidade positiva dos sindicatos não acontecerá até que essa divisão prejudicial, que produz danos para ambos, seja significativamente corrigida.

Qual é sua avaliação sobre a chamada Primavera Árabe? Ela acabou? Há ligação entre os movimentos no mundo árabe e os da Europa? Alguns enxergam uma nova disputa na região. Isso faz sentido?

O impacto da Primavera Árabe tendeu a ser muito exagerado na época em que testemunhamos os primeiros dramáticos acontecimentos. E, depois, sem razão, foram minimizados quando as manifestações de massa no Norte da África arrefeceram.

Até agora, nenhum dos problemas fundamentais foi resolvido em nenhum país em questão. Assim, os protestos vão continuar no futuro, focando também algumas das graves contradições econômicas (que resultaram em protestos por comida no passado, relutantemente reconhecidos até por proeminentes publicações do *establishment*, como a *Economist*, de Londres), e não apenas em sua dimensão militar e política.

Os levantes vão continuar, ganhando na mídia o nome da estação ligado a eles. Também não se pode esquecer que alguns países europeus tiveram importantes interesses coloniais no Norte da África e no Oriente Médio. E há tentativas de reavivá-los, o que é bem visível hoje. Ninguém deve considerar que o imperialismo está confinado no passado.

O Brasil também está passando por uma fase de muitos protestos. Como o senhor avalia esse processo? Há conexão com o que ocorre no mundo?

É impossível encontrar hoje um lugar no mundo onde não estejam ocorrendo sérios protestos sociais. Parecem focar diferentes temas, criando a impressão superficial de que não existe correlação entre eles. Mas isso é também um autoengano. Diversas vezes, no passado, muitos desses protestos costumavam ser desconsiderados, tidos como movimentos de um tema específico, sem implicações para a estabilidade geral da ordem social estabelecida. Nada pode ser mais distante da verdade.

É verdade que a grande variedade de protestos que testemunhamos hoje em diferentes partes do mundo não se enquadra nos canais nem nos modos de ação da política tradicional. Mas seria tolice considerar isso prova de sua irrelevância. Ao contrário, eles apontam para razões muito mais profundas, para os problemas e as contradições que se acumularam.

No momento, não é visível nenhuma estratégia de coalescência. Sua característica geral parece ser a de que estão testando os limites e procurando maneiras mais efetivas de articulação de suas preocupações. Testemunhamos um processo que ainda está em desdobramento e cujo significado deve ter grandes consequências no futuro.

Há quem enxergue a ação dos Estados Unidos nas manifestações pelo mundo, com o objetivo de desestabilizar governos. Isso faz algum sentido?

Isso é uma enorme e excessiva simplificação. Os Estados Unidos indubitavelmente estão na linha de frente de conflitos e conflagrações internacionais, por conta de seu impressionante poder dominante no hegemônico imperialismo global. Mas as causas são muito mais profundas do que o que possa ser resolvido por "desestabilização de governos".

Em alguns casos limitados, isso acontece, e, de fato, pode ser buscado com êxito pelas forças mais extremistas de organismos da administração norte-americana. Mas há limite para tudo, até para o neoliberal mais radical e para o aventureirismo neoconservador.

Como a internet muda a luta política hoje?

Certamente a internet ajuda na comunicação e na coesão dos movimentos de protesto, como ficou evidenciado recentemente. Mas não deve ser esquecido que ela também oferece os recursos para as forças do outro lado do confronto, dando assistência direta a vários Estados capitalistas.

De qualquer forma, para os dois lados, a internet fornece apenas ajuda subsidiária, não importando quão forte ela seja. Os problemas só podem ser resolvidos no próprio terreno em que surgiram. E isso diz respeito às determinações estruturais fundamentais de nossa ordem social.

Como o senhor analisa a relação entre capitalismo e democracia? São compatíveis?

Capitalismo e democracia não são incompatíveis, salvo em situações de crises extremas que trazem à tona os Hitlers e os Pinochets, onde quer que tais crises eclodam, mesmo no Brasil no passado recente. A

184 *A montanha que devemos conquistar*

normalidade da produção capitalista é mais bem sustentada na ordem das regras formais democráticas de controle e regulação.

É por isso que regimes ditatoriais são insustentáveis no longo prazo e tendem a ser revertidos (mesmo a "miltonfreedmenização" do Chile de Pinochet) para modos políticos mais maleáveis de regulação formal democrática, dentro da moldura geral das trocas capitalistas.

Nos Estados Unidos, a direita radical colocou o país à beira do abismo por conta de uma tímida reforma no sistema de saúde. Isso gerou riscos para os grandes negócios e as finanças. Como o senhor explica esse fenômeno?

O sistema de saúde nos Estados Unidos é apenas uma parte da crise que testemunhamos. Fundamentalmente é inseparável da dívida astronômica de 17 trilhões de dólares que já mencionei. Por enquanto, foi feita uma acomodação parcial entre democratas e republicanos, de forma que a nova data para o problema trilhonário irresolvido ficou para o final de 2013, mas não deve trazer outro suspense internacional.

Podemos ter certeza, no entanto, de que essa questão voltará com crescente severidade. Dezessete trilhões de dólares significam tanto que não é possível encontrar um tapete sob o qual varrer e esconder essa quantia, como costumeiramente é feito como forma de adiar a solução de problemas.

É possível dizer que o partido democrata foi mais para a direita e falhou em isolar a direita radical do partido republicano?

É difícil dizer qual dos dois partidos é mais à direita do que o outro. Mas ambos estão igualmente errados ao se posicionar tão à direita para ser capazes de enfrentar os graves problemas da sociedade norte-americana.

Como o senhor analisa a administração Obama e o estado da democracia nos Estados Unidos?

Obama prometeu muita coisa que nunca se materializou sob sua Presidência. Basta pensar em Guantánamo. Mas isso não é questão de um governante em particular. Estruturas de poder não devem ser entendidas em termos personalizados.

Devemos lembrar a entrevista à televisão que o presidente democrata Jimmy Carter deu. Ele chorou ao dizer que "o presidente não tem poder". De fato, ele conseguiu fazer mais a partir do momento em que deixou a Presidência do que pôde quando estava no comando. Até agora não vimos o presidente Obama chorar na televisão. Mas "há uma primeira vez para tudo", diz o ditado.

Os Estados Unidos espionam o mundo inteiro. Recentemente foi revelado um esquema de espionagem norte-americana no Brasil envolvendo interesses em petróleo e mineração. O que o Brasil deveria fazer para defender sua soberania?

Esse tema beira a insanidade. Espionam todos como potenciais inimigos, mesmo chefes de Estado de governos amigos. Há quem possa rir e achar que o problema não é tão sério. Mas precisamos lembrar que a defesa da soberania não pode estar confinada no domínio das leis e da política internacionais.

A legislação internacional é pateticamente fraca a esse respeito, sem mencionar as instituições que tratam globalmente disso. Vale lembrar o título de um livro de um proeminente advogado liberal, Philippe Sands: *Lawless World: America and the Making and Breaking of Global Rules*[*] [Mundo sem lei: os Estados Unidos da América e a construção e a quebra das normas globais].

Essas questões são decididas pelas relações reais de poder. E, é claro, as forças preponderantes do capital global ficam com a parte do leão nesse processo de tomada de decisão. A soberania não pode ser protegida sem se atentar para esse lado crítico do problema, inseparável do poder das corporações gigantes do capital transnacional.

O poder dos Estados Unidos está em ascensão ou em queda?

Seria mais apropriado dizer que ele está estacionado, mas ainda é o mais dominante. As condições que explicam essa dominância estão presentes e são bem visíveis: vão do complexo industrial-militar ao Banco Mundial, ao fato de o dólar ser a moeda de troca mundial. Nenhum outro país sonharia em impor ao mundo uma dívida de 17 trilhões de dólares. Mas uma dominância que repousa sobre esse tipo de fundação só pode ser instável.

Qual é sua visão a respeito da China? Lá a pobreza diminuiu. Há socialismo?

As realizações da China no campo da produção, *incluindo o declínio da pobreza que você menciona*, têm sido monumentais. Mas há várias grandes perguntas para o futuro. Acima de tudo: por quanto tempo serão mantidas as realizações na área produtiva sem que elas causem danos irreparáveis aos recursos gigantescos no domínio da ecologia?

---

[*] Nova York, Viking, 2005.

186 *A montanha que devemos conquistar*

Mais ainda: por quanto tempo serão aceitas as impressionantes desigualdades entre os níveis mínimos de ganhos da população trabalhadora e a riqueza dos altamente privilegiados? O socialismo é inconcebível sem uma substantiva igualdade – também na China.

No passado, as disputas no interior do capitalismo provocaram guerras mundiais. Essa hipótese está no horizonte?

A opção pela guerra foi usada no passado como elemento da tentativa de resolver problemas entre partes em conflito sob as regras do capital. Foram duas guerras mundiais no século XX. Com as armas de destruição em massa, ficou impossível prever a compatibilidade dessa solução com as condições elementares da racionalidade. Mas há representantes da direita radical que não hesitariam em jogar com fogo e até abertamente advogam a plena legitimidade de fazer isso.

Muitos deles estão presentes em elevados postos da hierarquia política. Assim, o presidente [Bill] Clinton, por exemplo, declarou que "há apenas uma nação necessária, os Estados Unidos". Na mesma época, em seus escritos, Robert Cooper (guru do primeiro-ministro britânico Tony Blair e conselheiro internacional de Xavier Solana) cantava louvores para o agressivo imperialismo liberal.

Da mesma forma, Richard Haass, diretor de planejamento político no departamento de Estado na gestão George W. Bush, insiste na necessidade de uma estratégia imperialista mais agressiva, escrevendo que a defensiva, não o imperialismo agressivo, é o maior perigo do interesse em reafirmar a hegemonia global dos Estados Unidos. Esta precisa ser defendida por quaisquer meios, mesmo com a guerra explícita.

A racionalidade é, obviamente, a grande dificuldade para implantar essas estratégias. Mas ninguém diz que a possibilidade de até mesmo uma conflagração mundial esteja agora excluída do horizonte histórico.

É possível dizer que a influência dos Estados Unidos na América Latina declinou na última década?

Sim. Falarei dos países relevantes nesse aspecto em seguida. E outros poderão se agregar a eles no futuro.

Como o senhor analisa as experiências de países como Venezuela (que fala em socialismo do século XXI), Bolívia, Equador, Uruguai, Argentina?

Eles trilham por uma estrada muito difícil, na qual, sem dúvida, muitos obstáculos serão erguidos no futuro pelo poder imperial dominante.

Os Estados Unidos declararam abertamente que a América Latina era seu quintal, reivindicando legitimidade para sua dominação na região.

Como o senhor avalia os dez anos de PT no governo do Brasil?

Visitei o escritório do então futuro presidente Lula em 1983. Na ocasião, tirei uma foto do local, onde se lia uma palavra iluminada: "Tiradentes". Fiquei pensando e continuo pensando hoje quanto tempo mais levará para que seja possível dizer que o escritório nacional de "Tiradentes" teve êxito em extrair os dentes infeccionados que causam tanta dor, mesmo num país com tantos recursos, em todos os sentidos, como o Brasil.

Qual é sua visão sobre a relevância das ideias socialistas hoje?

Mencionei que nossos problemas só encontram soluções sustentáveis em sua época. Outras formas de enfrentá-los podem ser revertidas, como ocorreu no passado.

As ideias socialistas têm sido definidas desde o início como as que requerem uma época histórica para sua concretização, embora os problemas imediatos *de onde elas devem partir* sejam muito dolorosos.

Em outras palavras, elas requerem não apenas os serviços urgentes de "Tiradentes", mas também prevenção para as doloridas infecções no longo prazo. As ideias socialistas são, portanto, mais relevantes hoje do que jamais foram.

Que países ou partidos representam o socialismo hoje?

Apenas alguns partidos muito pequenos proclamam sua fidelidade às ideias socialistas. E não há país que possa chamar a si mesmo de socialista.

No passado, o senhor usou a expressão "socialismo Mickey Mouse" para tratar de partidos que apenas brincavam com as ideias socialistas. Isso continua a ocorrer?

Não exatamente. O socialismo Mickey Mouse ficou mais fraco. O Partido Comunista Italiano*, *que foi o partido de [Antonio] Gramsci e da Terceira Internacional*, primeiro se autoconverteu no que se chama de democratas da esquerda**, depois achou que até a palavra esquerda era muito com-

---

* PCI – *Partito Comunista Italiano*, denominação assumida a partir de 1943 pelo *Partito Comunista d'Italia* (PCd'I), fundado em janeiro de 1921. Dissolveu-se em 1991. (N. E.)

** PDS – *Partito Democratico della Sinistra*, fundado em fevereiro de 1991. Dissolveu-se em 1998. (N. E.)

prometedora. Então se rebatizaram partido dos democratas*. Não há mais Mickey Mouse. É mais como um Popeye que perdeu seu espinafre.

Quais são suas expectativas sobre o socialismo ou o comunismo no futuro? É um objetivo inatingível? E sobre o risco de barbárie? Existe?

Escrevi um livro também publicado no Brasil dizendo que, se tivesse de modificar as famosas palavras de Rosa Luxemburgo – "socialismo ou barbárie" –, eu acrescentaria: "Barbárie se tivermos sorte"**. Porque a exterminação da humanidade é a ameaça que se desenrola.

Enquanto falharmos em resolver os grandes problemas que se espalham por todas as dimensões de nossa existência e nas relações com a natureza, o perigo vai permanecer no horizonte.

Onde deve estar um militante marxista hoje?

Contribuindo em tudo que ele ou ela possam fazer para buscar solução duradoura para esses grandes problemas.

Qual é seu plano para o futuro?

Continuar trabalhando em projetos de longo prazo que dizem respeito a todos nós.

---

* PD – *Partito Democratico*, fundado em outubro de 2007. (N. E.)

** István Mészáros, *O século XXI: socialismo ou barbárie?* (1. ed. rev., trad. Paulo Cézar Castanheira, São Paulo, Boitempo, 2012), p. 108. (N. E.)

SOBRE O AUTOR

Nascido em Budapeste, Hungria, em 1930, István Mészáros graduou-se em filosofia na Universidade de Budapeste, onde foi assistente de György Lukács no Instituto de Estética. Deixou o país após o levante de outubro de 1956 e exilou-se na Itália, onde trabalhou na Universidade de Turim. Posteriormente, ministrou aulas nas universidades de Londres (Inglaterra), St. Andrews (Escócia) e Sussex (Inglaterra), além de na Universidade Nacional Autônoma do México e na Universidade de York (Canadá). Em 1977, retornou à Universidade de Sussex, onde recebeu, catorze anos depois, o título de Professor Emérito de Filosofia. Permaneceu nessa universidade até 1995, quando se afastou das atividades docentes – mesmo ano em que foi eleito membro da Academia Húngara de Ciências. É reconhecido como um dos principais intelectuais marxistas contemporâneos e recebeu, entre outras distinções, o Premio Libertador al Pensamiento Crítico, em 2008, concedido pelo Ministério da Cultura da Venezuela, por sua obra *O desafio e o fardo do tempo histórico*, o título de Pesquisador Emérito da Academia de Ciências Cubana, em 2006, e o Deutscher Memorial Prize, em 1970, por *A teoria da alienação em Marx*. Sobre a obra do filósofo húngaro, a editora publicou: *István Mészáros e os desafios do tempo histórico* (2011), que, organizado por Ivana Jinkings e Rodrigo Nobile, contém ensaios de diversos autores.

Obras de István Mészáros

Szatira és valóság. Budapeste, Szépirodalmi Könyvkiadó, 1955.
La rivolta degli intellettuali in Ungheria. Turim, Einaudi, 1958.

Attila József e l'arte moderna. Milão, Lerici, 1964.

Marx's Theory of Alienation. Londres, Merlin, 1970. [Ed. bras.: *A teoria da alienação em Marx*. Trad. Nélio Schneider. São Paulo, Boitempo, no prelo.]

Aspects of History and Class Consciousness. Londres, Routledge & Kegan Paul, 1971.

The Necessity of Social Control. Londres, Merlin, 1971.

Lukács' Concept of Dialectic. Londres, Merlin, 1972. [Ed. bras.: *O conceito de dialética* em *Lukács*. Trad. Rogério Bettoni. São Paulo, Boitempo, 2013.]

Neocolonial Identity and Counter-Consciousness. Londres, Merlin, 1978.

The Work of Sartre: Search for Freedom and the Challenge of History. Brighton, HarvesterWheatsheaf, 1979. [Ed. bras.: *A obra de Sartre: busca da liberdade e desafio da história*. Trad. Rogério Bettoni. São Paulo, Boitempo, 2012.]

Philosophy, Ideology and Social Science. Brighton, HarvesterWheatsheaf, 1986. [Ed. bras.: *Filosofia, ideologia e ciência social*. Trad. Ester Vaisman. São Paulo, Boitempo, 2008.]

The Power of Ideology. Brighton, HarvesterWheatsheaf, 1989. [Ed. bras.: *O poder da ideologia*. Trad. Magda Lopes e Paulo Cézar Castanheira. São Paulo, Boitempo, 2004.]

Beyond Capital: Towards a Theory of Transition. Londres, Merlin, 1995. [Ed. bras.: *Para além do capital: rumo a uma teoria da transição*. Trad. Paulo Cézar Castanheira e Sérgio Lessa. São Paulo, Boitempo, 2002.]

Socialism or Barbarism: from the "American Century" to the Crossroads. Nova York, Monthly Review, 2001. [Ed. bras.: *O século XXI: socialismo ou barbárie?*. Trad. Paulo Cézar Castanheira. São Paulo, Boitempo, 2003.]

A educação para além do capital. Trad. Isa Tavares. São Paulo, Boitempo, 2005.

O desafio e o fardo do tempo histórico: o socialismo no século XXI. Trad. Ana Cotrim e Vera Cotrim. São Paulo, Boitempo, 2007.

A crise estrutural do capital. Trad. Francisco Raul Cornejo. São Paulo, Boitempo, 2009.

Social Structure and Forms of Consciousness, v. I. *The Social Determination of Method*. Nova York, Monthly Review, 2010. [Ed. bras.: *Estrutura social e formas de consciência*, v. I. *A determinação social do método*. Trad. Luciana Pudenzi e Paulo César Castanheira. São Paulo, Boitempo, 2009.]

Historical Actuality of the Socialist Offensive: Alternative to Parliamentarism. Londres, Bookmark, 2010. [Ed. bras.: *Atualidade histórica da ofensiva socialista: uma alternativa radical ao sistema parlamentar*. Trad. Maria Orlanda Pinassi e Paulo Cézar Castanheira. São Paulo, Boitempo, 2010.]

Social Structure and Forms of Consciousness, v. II. *The Dialectic of Structure and History*. Nova York, Monthly Review, 2011. [Ed. bras.: *Estrutura social e formas de consciência*, v. II. *A dialética da estrutura e da história*. Trad. Caio Antunes e Rogério Bettoni. São Paulo, Boitempo, 2011.]

The Necessity of Social Control: enlarged edition. Nova York, Monthly Review, 2014.

Georg Wilhelm Friedrich Hegel em ilustração de Cássio Loredano, da capa de *Crítica da filosofia do direito de Hegel*, de Karl Marx (São Paulo, Boitempo, 2005).

Publicado em 2015, 195 anos depois do lançamento de *Filosofia do direito* [*Grundlinien der Philosophie des Rechts*], de Hegel, este livro foi composto em Adobe Garamond Pro, corpo 10,5/12,6, e impresso em fevereiro, em papel Norbrite 66,6 g/m², na gráfica Rettec para a Boitempo Editorial, com tiragem de 7 mil exemplares.